技工院校电子商务专业教材

中等职业学校电子商务专业教材

电子商务物流

胡青玲　主编

中国劳动社会保障出版社

简介

本教材以物流职业岗位职责为依据，设计了采购、仓储、货物质检、运输、退换货等八个物流活动实训项目，同时还介绍了电子商务物流企业的运营模式、电子商务环境下的新型物流模式等，有助于学生更好地理解电子商务物流行业，为其未来的职业生涯奠定基础。

本教材由胡青玲担任主编，陶亚琴担任副主编，饶巨秀、葛津、武志霞、胡雯超、楼宁、梅光亮、陆雅丽参加编写。

图书在版编目（CIP）数据

电子商务物流 / 胡青玲主编. -- 北京：中国劳动社会保障出版社，2024. --（技工院校电子商务专业教材）（中等职业学校电子商务专业教材）. -- ISBN 978-7-5167-6532-6

Ⅰ. F713.365.1

中国国家版本馆 CIP 数据核字第 20245PM524 号

中国劳动社会保障出版社出版发行

（北京市惠新东街 1 号　邮政编码：100029）

*

河北宝昌佳彩印刷有限公司印刷装订　　新华书店经销

787 毫米 ×1092 毫米　16 开本　11 印张　207 千字

2024 年 10 月第 1 版　　2024 年 10 月第 1 次印刷

定价：26.00 元

营销中心电话：400-606-6496

出版社网址：https://www.class.com.cn

https://jg.class.com.cn

前言

目前，电子商务已成为国家产业结构优化升级、转变区域经济发展方式的战略重点，企业对电子商务专业人才的需求日益旺盛。为了培养更加符合电子商务技术领域和职业岗位（群）任职要求的中等技术应用型人才，我们组建了一支由多所中等职业学校电子商务专业带头人、专职教师及企业专家组成的编写团队，开发了这套电子商务专业教材。教材主要具有以下几点特色。

第一，满足中等职业学校教学所需。结合国家职业标准、企业需求及教学实际，构建了一个涵盖电子商务、跨境电子商务、移动商务、网络营销与直播电商的完整教材体系，包括《电子商务基础》《电子商务法律法规》等专业基础课教材，《电子商务网页设计》《电子商务数据采集与处理》《短视频制作》等技术与服务类专业核心课教材，《网店运营实务》《跨境电子商务运营实务》《电商直播》《网店推广》等运营与推广类专业核心课教材，《电子商务会计》《电子商务物流》《电子商务文案写作》等专业拓展课教材及配套习题册等，体系完整，覆盖面广，能够满足中等职业学校教学所需。

第二，契合企业岗位任职要求。中职电子商务专业毕业生主要面向网商、跨境电商和服务电商企业，使用计算机、网络、通信等现代信息技术从事商务活动。因此，教材紧跟企业岗位任职要求，以从零起点培养学生的职业能力为原则，根据国家职业标准中的技能要求和相关知识要求设计教材内容，突出企业需求，彰显中职电子商务教材特色。

第三，符合学生认知规律。教材以中等职业学校教学模式为指引，采用“项目一学习任务”式编写形式，通过丰富的案例分析、知识拓展和课堂思考，激发学生的学习兴趣，让学生在实践中学习，在任务中成长。另外，教材的设计也充分考虑了学生的认知规律，尽可能多地以图表代替大段冗长的文字叙述，降低学习难度；采用双色或四色印刷，以提高教材的表现力。

第四，教学资源配套丰富。我们遵循有效性原则，根据教材内容和教学实际，开发相对应的微课、视频、图片资源库等数字化配套产品，以便于教师拓展教学和学生自主学习。电子课件及习题册答案可登录技工教育网（https://jg.class.com.cn）查询下载，数字化配套产品扫描书中二维码即可在线观看或收听。

本套教材的编写工作得到了有关学校的大力支持，教材的编审人员做了大量的工作，在此，我们表示衷心的感谢！同时，恳切希望广大读者对教材提出宝贵的意见和建议。

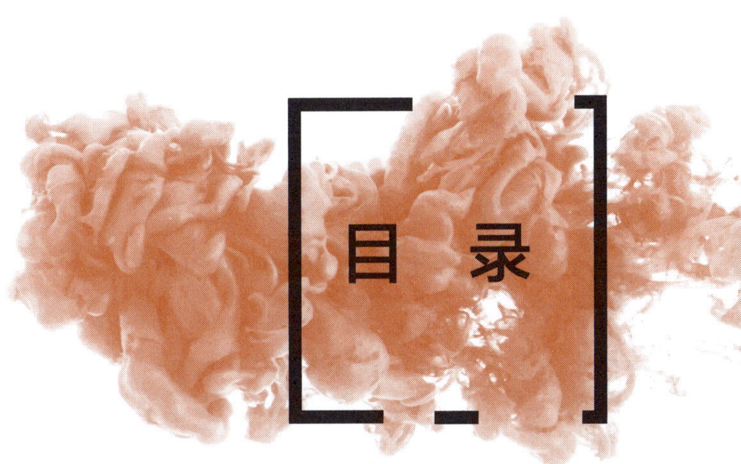

目录

项目一　电子商务物流认知

项目二　电子商务采购管理

项目三　货物分类整理及货架货位规划

项目四　货物验收与入库上架管理

项目五　在库货物盘点与损耗管理

项目六　网店订单与货物配货出库管理

项目七　货物包装及发货管理

项目八　物流运输管理

项目一 电子商务物流认知

随着电子商务市场的不断扩大和发展，物流服务已经成为电子商务成功的重要因素之一。通过本项目的学习，我们将对电子商务及电子商务物流有初步认知，了解电子商务的特征和基本功能、现代物流的发展趋势及创新模式等。此外，我们还会进一步了解电子商务物流的概念和特点，并在此基础上掌握电子商务物流企业的运营模式和工作流程。

学习任务1　电子商务与现代物流认知

任务目标

1. 了解电子商务的概念、特征及基本功能。
2. 理解电子商务与现代物流的关系。
3. 掌握现代物流的发展趋势。
4. 掌握电子商务物流的概念和特点。

相关知识

随着互联网技术的迅速发展和广泛应用，电子商务与现代物流已经成为广受关注的新型商务方式。电子商务与现代物流之间存在着密切的关系，它们互为条件、互为动力，共同推动着现代商业的发展。

一、电子商务认知

1. 电子商务的概念

电子商务是指在全球各地商业贸易广泛的活动中，通过信息化网络所进行并完成的各种商务活动，包括交易活动、金融活动和相关的综合服务等活动，如准确分析市场、深化客户管理、合理调配资源、精确企业决策等。

2. 电子商务的特征

（1）电子商务的发展需要现代信息服务技术的支持

现今社会，信息技术的重要性日益凸显，尤其在电子商务领域，其对信息技术的依赖愈发显著。无论是推动电子商务的顺畅运作，还是促进其持续完善，都离不开信息技术服务的坚实支撑。电子商务的核心在于借助国际互联网、企业内部网络等先进的计算机网络技术，实现信息的高效交流与传输。为了更好地适应市场的多变需求，企业必须对与电子商务相关的软件和信息处理程序进行持续优化和升级。在这一不断演进的历程中，现代信息服务技术已经成为推动电子商务发展完善的强大引擎。

（2）电子商务的市场范围广阔

在全球化趋势的推动下，一句“买全球货，卖全球货”生动地描绘了电子商务的广阔前景。借助国际互联网的先进技术，电子商务的市场范围已远超传统模式，使得国际市场与国内市场的交融变得前所未有的紧密，彼此间的界限日趋模糊。不仅企业能够拓展其贸易市场的版图，个人也能轻松地跨越国界进行交易。

在这个信息爆炸的时代，电子商务数字化的浪潮正深刻地影响着每一个人，重塑着人们的工作方式和消费习惯。实质上，电子商务不仅是一种新的商业模式，更代表着一种全新的生产与生活方式。

现如今的消费者已经能够打破时空的束缚，在更广阔的范围内进行消费。无须亲自前往商场或购物中心，只需通过电脑、手机等便捷的信息网络设备，人们便能实时获取最新的时事资讯，洞悉天下大事。从衣食住行到各类商品与服务，无论大小，均可通过电子商务轻松完成交易。电子商务正以其独特的魅力，引领现代消费的新潮流。

3. 电子商务的基本功能

电子商务可提供网上交易和管理等全过程的服务，因此它具有宣传、咨询洽谈、网上订购、网上支付等多项功能。

（1）宣传功能

电子商务充分利用企业的服务器和客户端，在网络上高效发布各类商业信息。客户通过便捷的网络搜索功能，能够快速查找到所需商品的相关信息。同时，企业或商

家获得了在全球范围内宣传广告的新途径，无论是推广产品与服务，还是传达企业经营理念和塑造品牌形象，都能通过网络实现。相比于传统的电视、报纸等广告方式，网络广告不仅成本显著降低，而且能够为客户提供更为丰富、全面的信息资源，从而实现广告效果的最大化。

（2）咨询洽谈功能

电子商务通过非实时的电子邮件和实时的信息交流工具，有效地促进了市场和商品信息的流通及交易事务的洽谈。这种网上的咨询和洽谈方式，不仅突破了时间和空间的限制，还为人们提供了多种便捷的异地交流形式。通过这些交流工具，人们可以更加高效地获取所需信息，促进商务活动的顺利进行。

（3）网上订购、支付功能

电子商务通过 Web 中的邮件交互传送技术，实现了便捷的网上订购功能。在产品介绍页面上，通常会提供订购提示信息和交互格式框，使客户能够轻松完成订购操作。当客户填写完订购单后，系统通常会自动回复确认信息，以确保订购信息的准确性。同时，为了保障商业信息的安全，订购信息可采用加密方式进行传输，有效防止客户和商家的信息被泄露。

电子商务有完整的交易流程，网上支付是其中不可或缺的环节。客户和商家之间可以通过信用卡账号等电子支付手段进行快速、安全的支付操作。这种支付方式不仅节省了交易中的人力成本，还提高了交易效率。然而，为了确保网上支付的安全性，还需要采取更为可靠的信息传输安全措施，以防止欺骗、窃听、冒用等非法行为的发生。

二、电子商务与物流的关系

电子商务的蓬勃发展对现代物流业产生了深远的影响，推动了其规模的迅速扩张和现代化水平的显著提升。全社会的物流基础设施因此不断完善，从业人员的服务素质也得到了相应提高，进一步加快了我国现代物流业与国际接轨的步伐。电子商务与物流之间形成了相互促进、共同发展的紧密关系。

物流，作为“四流”中最为特殊的一环，是指实体物资的流动过程，涵盖了运输、储存、配送、装卸搬运、流通加工、包装以及物流信息管理等一系列活动。尽管少数商品和服务可以通过网络直接传输，如电子出版物、信息咨询服务等，但大多数商品和服务的物流仍需通过物理方式进行。过去，人们对物流在电子商务中的关键作用认识不足，也未充分预见电子商务环境下物流将发生的变化，认为传统经销渠道足以满足物流需求。然而，随着电子商务的不断推广和应用，物流能力的滞后已逐渐成为制约其发展的瓶颈，越来越多的人开始关注物流对电子商务活动的重要影响。

三、现代物流发展趋势分析

当前，现代物流已受到高度重视，其产业地位正在持续提升。作为连接生产与消费的重要桥梁，现代物流展现出广阔的市场潜力和多元化的应用场景。在高水平科技的支撑下，物流行业不断追求自主创新，高素质人才队伍也日渐壮大，共同为现代物流体系的高质量发展注入强大活力。

近年来，随着国内外形势的深刻变化，我国现代物流业呈现出一些新的发展趋势。通过与资金流、信息流的紧密融合，现代物流将现代社会各个领域紧密地联系在一起，成为推动经济社会发展的重要力量。

1. 物流技术快速发展，物流管理水平持续提升

当前，全球物流技术设施设备水平已经迈向了一个崭新的高度，形成了以专业核心技术为支撑的现代物流技术产业体系。其主要发展方向包括以下几个方面：

（1）自动化方向

通过引入 AGV（自动导引运输车）、Robot System（搬运机器人）等前沿技术，实现物流过程的自动化运作，大幅提升作业效率和准确性。

（2）信息化方向

借助 GPS（全球定位系统）、GIS（地理信息系统）、RFID（射频识别技术）以及互联网技术等信息化手段，实现物流信息的实时采集、传输和处理，为决策提供有力支持。

（3）智能化方向

通过应用 ITS（智能交通与运输系统）、电子跟踪技术、电子识别技术等智能化技术，实现物流过程的智能优化和调控，提升物流系统的整体性能。

（4）集成化方向

将机械化、自动化、智能化和信息化等多元技术进行有机融合，形成一体化的物流技术解决方案，以满足日益复杂的物流需求。

2. 现代物流兴起

现代物流的兴起得益于电子商务行业的迅速发展，消费者可以直接通过电子网络获取相关产品与服务信息，实现方便快捷的网上消费与网络购物。现代物流不仅能够使物流活动方便、快捷地进行，而且可以提供安全、迅速、可靠并且实惠的物流服务。除此之外，现代物流还可以发挥在线跟踪货物的发出、投递路线、货物调度以及货物的安全检查等功能。

3. 物流企业向着全球化、协同化、集约化的方向发展

国际和国内物流都向着全球化、协同化、集约化的方向发展，主要体现在以下两个方面：一是物流企业的兼并与合作，二是积极建设物流园区。

（1）物流企业的兼并与合作

为了适应经济全球化加速发展的趋势，一些超大型的物流企业开始了跨国并购，积极开拓国际市场，以便获得更大的市场经济利益与市场份额。新生成的物流新兴企业能够快速并精确地掌握全世界的动态物流资讯以及信息，调动各地的物流网点，构建一体化的全球物流信息网络，节约费用，跨越时间和空间的距离，为顾客提供最为优质的服务。

（2）积极建设物流园区

物流园区是多种物流设施设备和不同种类的物流企业在一个空间区域范围内集中分布的场所的总称，是具有一定规模并且能够提供综合化服务的物流点。该类园区的建设不仅有益于物流企业的规模化与专业化，更有利于实现优势互补并实现优势最大化。

4. 绿色物流、智慧物流得到快速发展

（1）绿色物流

绿色物流是指在物流过程中降低环境污染、减少资源消耗，实现可持续发展的一种新型物流模式。它强调在物流活动的各个环节中，采取环保和可持续发展的策略，以降低对环境的负面影响。绿色物流的核心理念包括环境保护和资源节约。这意味着在物流过程中，需要在减少废气排放、降低噪声污染、节约能源、提高运输效率，以及优化仓储布局等方面做出努力。此外，绿色物流还强调循环物流的发展，通过回收利用废弃物，减少资源浪费，促进资源的可持续利用。

（2）智慧物流

智慧物流是一种运用信息技术和通信技术，实现物流运作智能化、高效化的新型物流模式。智慧物流通过智能化设备、大数据分析、物联网技术等手段，实现物流信息的实时共享、物流过程的智能调度、物流服务的个性化和精细化。智慧物流的目标是提高物流效率、降低物流成本、提升物流服务水平。智慧物流依赖于多种现代信息技术和通信技术的支撑，如大数据、物联网、人工智能、云计算等。通过这些技术手段，智慧物流可以实现数据的实时采集与处理、信息的实时共享、智能调度与路径规划等功能。此外，这些技术可以帮助企业优化资源配置、提高运营效率、降低成本。

（3）绿色物流与智慧物流的发展趋势

随着环保意识的不断增强和科技的快速发展，绿色物流和智慧物流将成为未来物

流业的发展趋势。企业将更加注重环保和可持续发展，采取更多措施减少环境污染和资源消耗。同时，随着信息技术和通信技术的不断进步，智慧物流将更加普及和深入，进一步提高物流效率和服务水平。未来，绿色物流和智慧物流将相互融合，形成一种新型的绿色智慧物流模式，以实现更高效、更环保的可持续发展目标。许多企业已经开始探索和实践绿色物流与智慧物流。例如，一些企业采用电动或氢能源等清洁能源车辆进行配送，以减少废气排放；一些企业采用智能仓储系统，通过智能化设备实现货物的快速分拣和精准管理；还有一些企业运用大数据和人工智能技术进行智能调度和路径规划，以提高运输效率。这些实践案例表明，绿色物流和智慧物流不仅有助于企业实现可持续发展，还能够提升企业的竞争力和市场影响力。

四、电子商务物流概述

1. 电子商务物流的概念

电子商务物流又称网上物流，是指基于互联网技术，旨在创造性地推动物流行业发展的新商业模式。通过互联网，物流企业能够被更大范围的供货企业主动找到，能够在全国乃至世界范围内拓展业务，贸易企业或工厂能够更加快捷地找到性价比最适合的物流企业。电子商务物流致力于把世界范围内最大数量的有物流需求的供货企业和提供物流服务的物流企业都吸引到一起，提供中立、诚信、自由的网上物流交易市场，帮助物流供需双方高效达成交易。目前已经有越来越多的客户通过电子商务物流交易市场找到客户、合作伙伴、海外代理等。电子商务物流的最大价值就是提供了更多的机会。

2. 电子商务物流的特点

（1）电子商务物流依托互联网技术，实现了物流服务的信息化、网络化和智能化。通过信息技术手段，电子商务物流实现了物流信息的实时采集、处理和共享，提高了物流运作的效率和准确性。

（2）电子商务物流服务范围广泛，包括仓储、运输、配送、报关、报检等环节。这些环节相互关联，共同构成了完整的电子商务物流服务体系。

（3）随着电子商务市场的竞争加剧，客户对物流服务的需求也越来越个性化。电子商务物流需要满足不同客户的个性化需求，提供定制化的物流解决方案。

（4）电子商务物流还涉及物流成本的控制和服务质量的提升，以满足不断发展的电子商务需求。在电子商务市场激烈的竞争环境下，控制物流成本和提高服务质量是电子商务企业取得竞争优势的关键。电子商务物流需要不断优化运作流程、提高服务水平，以满足电子商务市场的快速发展需求。

总之，电子商务物流是电子商务活动的重要支撑，是实现电子商务快速发展的关键因素之一。随着电子商务市场的不断发展，电子商务物流也将不断创新和完善，为电子商务企业提供更加高效、便捷、个性化的物流服务。

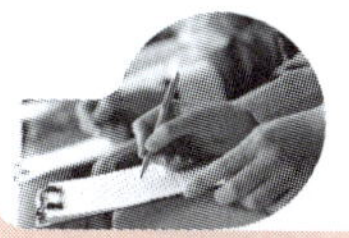

阅读与思考

中国传统的等级观念“士农工商”中“商”排在末位，是因为古代的中国人认为商业无法直接创造财富，不是生产力的主体，但他们并不知道商业是生产力的倍增器。1894 年，孙中山先生在《万国公报》上登载的《上李傅相书》中指出：“富强之大经，治国之大本”的四事者之一为“货能畅其流”；并进一步指出交通的支撑作用，“所谓货能畅其流者，在关卡总之无阻难，保商之有善法，多轮船铁道之载运也。”“夫商务之能兴，又全恃舟车之利便。”同时阐述了物流的意义，“夫百货者，成之农工而运于商旅，以此地之赢余济彼方之不足，其功亦不亚于生物成物也。”“此其百货畅流，商贾云集，财源日裕，国势日强也。”

请结合材料思考，经济的发展与物流之间存在何种联系？

知识拓展

电子商务中现代物流的功能

电子商务中所展现的现代物流具有许多功能。例如，可以通过完备的信息技术来缩短物流的宏观、微观时间，从而取得较高的时间价值；或是通过缩小需求与供应之间的时间差来创造价值；或是通过配合电子商务待机销售的物流来延长物流时间等，这些都体现出在电子商务背景下现代物流的时间价值功能。

电子商务背景下的现代物流还包含了场所价值。例如，足不出户便可以通过手机 App、小程序等方式购买到云南的鲜花、内蒙古的牛肉、西藏的奶茶等。物品从供应地到需求者存在着空间的差距，而场所价值便是能够改变这一空间差距所创造的价值。

电子商务背景下的现代物流还体现出“第三利润源”。“第三利润源”是相对于“第一利润源”“第二利润源”来说的。“第一利润源”指的是依靠科学技术手段来降低最原始的资源（如煤矿、木材等廉价的原材料等）成本而提高利润；“第二利润源”是指依靠科技进步提高劳动效率而获得高额利润；“第三利润源”则是指人们越来越重视物流领域的潜力，通过开发现代物流领域潜能所带来的高额收益。

任务评价

请教师根据学生的实际学习情况进行全面、客观的评价。

学习任务	电子商务与现代物流认知		
项目	评价内容	配分	得分
知识技能	了解电子商务的概念、特点及相关功能	30	
	理解电子商务与现代物流的关系	20	
	掌握现代物流的发展趋势	20	
	掌握电子商务物流的基本概念	30	
任务评价		合计得分	

学习任务 2　电子商务物流模式分析

任务目标

1. 了解自营物流模式的概念和优缺点。
2. 掌握第三方物流模式的概念和优缺点。
3. 理解物流联盟模式的概念和优缺点。
4. 学会合理选择电子商务物流模式。

相关知识

我国电子商务发展得如火如荼，各种物流企业不断涌现，催生出多元化的物流模

式。目前，我国电子商务物流企业主要采用自营物流、第三方物流及物流联盟三种物流模式，三种物流模式各具特色，各有自己独特的优势。

一、自营物流模式

1. 自营物流的含义

自营物流是指企业自身投资建设物流的运输工具、储存仓库等基础硬件设施，经营管理企业的整个物流运作过程。自营物流一般适用于规模较大、有资金实力的电子商务企业。当一般物流不能满足企业客户服务需求时，很多大型电子商务企业便会选择自建物流，根据业务需要配置物流系统。我国传统物流基本上都是以自营物流为主。

2. 自营物流的优势

（1）反应快速、灵活

自营物流由于整个物流体系属于企业内部的一个组成部分，所以与企业经营部门关系密切，且以服务于本企业的生产经营为主要目标，这样能够更好地满足企业在物流业务上的时间、空间要求。特别是要求物流配送较频繁的企业，自营物流能更快速、灵活地满足企业要求。

（2）企业拥有对物流系统运作过程的有效控制权

拥有自营物流的企业可以通过内部行政权力控制自营物流运作的各个环节，容易与其他业务环节密切配合，使企业的供应链更好地保持协调、稳定，提高物流运作效率。

3. 自营物流的劣势

（1）一次性投资大、成本高

虽然自营物流具有自身的优势，但是物流体系涉及运输、仓储、包装等多个环节，建立自营物流系统的一次性投资较大、占用资金较多。对于资金有限的企业来说，自营物流系统建设投资是一个沉重的负担。而且由于企业自营物流一般只服务于自身，所以是依据企业自身物流量的大小而建立的。而单个企业物流量一般较小，企业自营物流系统的规模也较小，这就导致物流成本较高。

（2）需要较强的物流管理能力

自营物流的运营需要企业工作人员具有专业化的物流管理能力，否则仅有好的硬件也是无法高效运营的。目前我国的物流人才培养相对滞后，导致物流人才短缺，企业内部从事物流管理的人员综合素质不高，面对复杂多样的物流问题时经常凭借经验或者主观考虑来解决，这成为企业自营物流亟待解决的问题。

一些企业通过自营物流系统，既服务于本企业，又为其他企业提供物流服务，实质上是一种业务上的多元化，其物流系统的性质已经发生了一定的变化，与自营物流原本的定义已经不同了。

二、第三方物流模式

1. 第三方物流的含义

第三方物流（third-party logistics，简称 TPL 或 3PL）是指由相对“第一方”发货人和“第二方”收货人而言的第三方专业企业来承担企业物流活动的一种物流形态。它是为物流交易双方提供部分或全部物流功能的外部服务提供者。由于第三方物流是以签订合同的方式，在一定期限内将部分或全部物流委托给专业物流企业来完成，所以第三方物流又称合同物流或契约物流、外包物流。

2. 第三方物流的优势

（1）企业能集中于自己的核心业务，打造更加专业化的服务体系

企业使用第三方物流，将物流环节的任务交给专业的物流企业，而把经营重点集中于电子商务平台的建立和完善，这样有助于企业集中力量发展核心业务。

（2）能为客户提供更大范围的物流运输或增值服务

对于部分偏远和交通不便的地区，第三方物流也可实现配送服务，做到快递全覆盖。而普通的电子商务企业或自营物流由于技术单一、资金不充足等，往往难以做到这一点。

（3）为电子商务企业提供技术支持

随着客户需求的不断提高，业务量的不断增加，对物流配送速度及路线等也提出了更高的要求。第三方物流可以让物流企业合理规划配送顺序、路线，及时通过信息共享、快件定位等方式更新物流状态，实现信息共享。

3. 第三方物流的劣势

（1）企业不能直接控制物流职能

当企业将物流业务外包给第三方物流企业时，就意味着不能像自营物流那样可以对物流各环节的活动进行自如的控制，物流的服务质量与效率就不一定能够得到完全的控制与保证。企业对第三方物流企业的依赖相对更强一些，因为，物流的服务质量与效率取决于第三方物流企业，个别物流企业可能利用这种有利的地位欺诈对方，抬高价格，并转向那些能满足他们利益的客户，产生种种机会主义行为。

（2）第三方物流尚未成熟

我国第三方物流企业总体尚未成熟，没有达到一定的规模化与专业化，缺乏由合格的专业人员设计和评估的物流管理系统，服务质量尚不能满足外包方的需求。

三、物流联盟模式

1. 物流联盟的含义

物流联盟是指通过签署合同，在物流方面形成优势互补、风险共担、收益共享的物流伙伴关系，强调物流联盟企业之间的合作分工，形成相互依赖的关系。这种物流模式适合于自身物流能力不足的中小型企业，他们通过建立动态联盟相互合作，共同为电子商务客户服务。

物流联盟是介于独立的企业与市场交易关系之间的一种组织形态，是物流需求方即各种生产制造企业、商贸流通企业和物流企业间由于自身某些方面发展的需要而形成的相对稳定的、长期的契约关系。它以物流为合作基础，目标是使联盟成员实现降本增效。物流联盟产生的最根本原因是利益，这种合作形式使得企业在物流领域实现资源的高效利用和优势互补。

2. 物流联盟的优势

建立物流联盟有助于企业互通有无，实现最优配置。各联盟成员彼此优势互补，进行信息共享，保证信息准确、及时、快速传递，以提高企业联盟结构的灵活性和弹性。物流联盟不仅让企业减少了物流方面的投资和风险，还能更有效地实现跨地区配送和物流资源配置，满足电子商务企业客户分布广泛的派送需求，提高企业竞争力。

3. 物流联盟的劣势

物流联盟也要避免内部的对抗与冲突。当企业联盟成员面临众多不确定因素或由于运行问题导致无法获得预期利益时，合作态度会消极，这样就无法发挥物流联盟的优势。因此，企业之间既不能运用个人利益最大化原则，又不能运用集体利益最大化原则。而且联盟成员不少是有一定地位的企业，各有各的想法与需求，联盟要想达成一致意见会有不小的阻力和困难。当联盟的管理出现问题时，容易造成“盟而不联”的现象，所谓的物流联盟也就只流于形式了。

三种电子商务物流模式特点的比较见表 1-1。

表 1-1 三种电子商务物流模式特点的比较

模式	优势	劣势
自营物流模式	可以更好地控制供应链的各个环节，提高管理效率和客户满意度	需要一次性投入较大的资金，占用资金较多，增加财务压力；规模有限，物流专业化程度较低，难以满足多样化的客户需求；配送效率较低，管理难以有效控制，难以对效益进行评估

续表

模式	优势	劣势
第三方物流模式	可以将全部精力放在核心业务上，提高企业的核心竞争力；可以利用第三方物流公司的先进技术和设备，提高物流效率和质量，降低物流成本；可以减少在固定资产方面的投入，加快资金周转速度，提高资本利用率；可以提供灵活多样的客户服务，为客户创造更多的价值，增强客户满意度	不能获得直接控制物流职能的权利，可能出现意见分歧或责任推诿的情况；不确定是否可以一直保持高质量的客户服务，对维护与客户的长期友好关系不利；可能存在信息泄露或被竞争对手利用的风险，影响企业的信誉度和市场地位
物流联盟模式	可以实现物流资源的共享和优化配置，提高物流效率和质量，降低物流成本和风险；可以实现物流信息的共享和交换，提高物流透明度和可追溯性，增强物流安全性和可靠性；可以实现物流服务的共同开发和创新，提高物流服务水平和价值，增强竞争力，提高市场份额	需要建立有效的合作机制和信任机制，解决合作中可能出现的利益冲突和协调问题；需要建立统一的标准和规范，解决合作中可能出现的技术不兼容和服务不一致问题；需要建立完善的监督和评价体系，解决合作中可能出现的质量问题和责任问题

四、电子商务物流模式的选择

对于电子商务企业而言，物流模式的选择关系到企业的运作及发展壮大，也决定了企业在市场上的竞争力。因此，在选择物流模式时，要根据电子商务环境下物流的特点和企业自身情况慎重选择、详细测算。企业可通过自身的发展规模和需求、主要业务和成本支出来决定物流模式。若企业的业务范围是大型家电等价值高、易破损的商品，或者企业的业务量多、订单数量大，可以酌情使用自营物流，如海尔集团。

1. 规模与实力

电子商务企业的规模决定了其选择的物流运输模式。不同发展规模的电子商务企业对其商品物流过程的重视程度有所区别，而不同的物流模式所需的运营成本同样存在很大的差异。一般来说，相比于物流成本，大型电子商务企业更加看重物流的安全性及时效性，即商品能够绝对安全并且尽可能快速地到达消费者的手中，进而使消费者获得良好的物流体验。而小型电子商务企业由于资金压力大，更愿意选择价格低廉的物流运输模式，如国际小包即可满足小型电子商务企业的发展需求。

2. 物流成本

物流成本指的是商品从电子商务企业运输到消费者手中所产生的成本。物流成本包含以下三个方面：一是储存商品时产生的成本，如建立仓库需要的大量资金；二是运输时产生的成本，如利用空运的方式运送商品必然会产生一定量的资金消耗；三是采购材料产生的成本，如通过商业快递运输商品往往需要将商品包装严实，确保在运输过程中不会受到人为的损害。电子商务企业在选择物流模式时应当充分考虑物流成本问题，确保商品的价值得以最大化。

3. 物流服务水平

物流服务水平同样影响着消费者的消费体验。物流服务水平包括以下三个方面：一是准时性，客户希望商品能够按照约定的时间及时送达；二是安全性，要确保商品在运输过程中的安全，包括防止货物损坏、丢失等情况的发生；三是退货处理方式，当商品出现问题时客户需要得到快速解决，便捷、高效的退货处理方式可以显著提升客户满意度。

无论企业选择哪种物流模式，都要考虑物流成本与服务水平之间的协调，权衡好两者之间的关系。在一定的条件下，物流服务水平越高，客户群体就会越大，但同时意味着物流成本的增加；如果一味降低物流成本而忽视了服务水平，可能造成大量客户流失，市场萎缩。

知识拓展

国际电子商务物流

国际电子商务物流是指在全球范围内，通过互联网平台进行商业活动，实现商品或服务从供应地到接收地的跨国运输和交付。国际电子商务物流不仅包括物品的运输，还涉及报关、税务、保险等多个方面。

国际电子商务物流的特点：

1. 国际性

国际电子商务物流涉及跨国交易，需要遵循不同国家和地区的法律法规，应对货币汇率波动等风险。

2. 复杂性

国际电子商务物流涉及的环节众多，包括订单处理、仓储管理、货物配送、支付结算等，需要高效协同和管理。

3. 快速性

随着全球市场竞争的加剧，对国际电子商务物流的时效性要求越来越高，需要实现快速响应和交付。

4. 专业性

从事国际电子商务物流活动需要掌握专业的知识和技能，包括国际货运代理、报关报检、保险理赔等。

任务评价

请教师根据学生的实际学习情况进行全面、客观的评价。

学习任务	电子商务物流模式分析		
项目	评价内容	配分	得分
知识技能	了解自营物流模式的概念和优缺点	25	
	掌握第三方物流模式的概念和优缺点	25	
	理解物流联盟模式的概念和优缺点	25	
	学会合理选择电子商务物流模式	25	
任务评价		合计得分	

学习任务 3　电子商务物流企业运营

任务目标

1. 掌握电子商务物流企业的运营结构。
2. 了解电子商务物流企业的工作流程。
3. 了解物流职业能力的要求。
4. 熟悉电子商务物流企业的岗位设置，以及相应的职责和要求。

相关知识

电子商务物流企业运营主要涉及如何利用互联网、物联网、大数据、人工智能等技术手段，实现物流运作的信息化、数字化、网络化和智能化，以优化物流运作流程，提高物流效率，降低物流成本。本任务学习电子商务物流企业的工作流程、运营结构、职业能力要求及岗位设置等核心内容。

一、电子商务物流企业运营的特点

1. 服务对象多样化

电子商务物流企业需要为不同类型的电子商务平台和客户提供不同层次的物流服务，如 B2B、B2C、C2C 等。

2. 服务内容复杂化

电子商务物流企业需要提供从商品的采购到最终交付的全程物流服务，涉及多个环节和多个主体，如供应商、仓储中心、配送点、运输工具、客户等。

3. 服务要求高效化

电子商务物流企业需要在保证服务质量的前提下，提高服务效率，缩短服务时间，降低服务成本，满足客户快速响应和灵活配送的需求。

4. 服务方式智能化

电子商务物流企业需要利用现代信息技术，如互联网、大数据、云计算、物联网等，实现对物流活动的实时监控、智能分析、自动调度和优化管理。

二、电子商务物流企业的运营结构

1. 仓储管理

仓储管理是电子商务物流企业运营的基础。有效的仓储管理可以确保商品的安全储存、快速出入库，以及高效的分拣和配送。电子商务物流企业需建立现代化的仓储设施，引入先进的仓储管理系统，实现仓储作业的自动化和智能化。

2. 配送服务

配送服务是电子商务物流企业的核心业务之一。电子商务物流企业需建立覆盖广泛的配送网络，选择合适的配送方式和运输工具，确保商品能够安全、准时地送达客户手中；同时，还需提供个性化的配送服务，如定时配送、夜间配送等，以满足不同客户的需求。

3. 信息系统

电子商务物流企业需建立完善的信息系统，实现信息的实时共享和高效处理。信息系统需具备订单处理、仓储管理、配送跟踪、数据分析等功能，以提高企业的运营效率和客户满意度。此外，电子商务物流企业还需与电子商务平台、供应商等建立信息对接，实现信息的互联互通。

4. 供应链整合

电子商务物流企业需与供应商、电子商务平台等建立紧密的合作关系，实现供应链整合。通过供应链整合，企业可以更好地掌握市场需求和库存情况，优化采购和配送流程，降低库存成本和运营风险。同时，企业还需关注供应链的可持续性保证，使经营活动安全、稳定。

5. 物流金融

物流金融是电子商务物流企业的重要增值服务之一。通过提供物流金融服务，企业可以拓宽收入来源，增强客户黏性。物流金融服务包括代收货款、保理服务、融资租赁等。电子商务物流企业需建立完善的物流金融风控体系，确保业务的安全开展。

6. 提供个性化服务

电子商务物流企业需根据客户的需求和市场的变化，提供个性化的物流解决方案。方案设计需综合考虑运输、仓储、配送、信息系统等多个方面，确保操作的可行性和高效性。

三、电子商务物流企业的工作流程

1. 订单接收

电子商务物流企业的首要任务是接收客户的订单。这一步骤通常通过电子商务平台完成，包括网站、移动应用程序或社交媒体平台。在接收订单后，物流企业需要对其进行验证，以确保订单的有效性和准确性。

2. 订单确认

在确认订单的有效性后，物流企业需要向客户发送确认邮件或短信，告知其订单已被接收并正在处理中。此外，物流企业还需要确认库存情况，以确保订单的商品有足够的库存。

3. 库存管理

有效的库存管理是电子商务物流企业的核心要素。企业需要实时跟踪库存，确保商品的数量和种类满足客户需求。当库存不足时，应及时通知销售部门，以便补充货源。

4. 打包发货

在确认订单并确保库存充足后，物流企业需按照客户的要求进行商品打包。打包过程需遵循企业的规定，确保商品在运输过程中不受损坏；同时，还需在包裹上标明客户的信息，以便准确送达。

5. 物流配送

物流配送是电子商务物流企业的关键环节。企业需选择合适的配送方式（如快递、邮政等）将商品送达客户手中。在配送过程中，企业需保持与客户的沟通，及时更新配送状态。

6. 订单跟踪

为了提高客户满意度，电子商务物流企业需为客户提供订单跟踪服务。客户可以通过企业的平台或第三方平台（如快递公司官网）实时查看订单的配送状态。

7. 售后服务

电子商务物流企业需设立专业的售后服务团队，为客户提供便捷的售后服务。如遇到问题，客户可随时联系售后服务团队，寻求解决方案。

8. 退货处理

为了满足客户的退货需求，电子商务物流企业需设立专门的退货渠道。客户可将不满意的商品退回企业，企业需对其进行检查并处理。在确认商品无损后，可进行二次销售。

9. 数据分析

通过对日常运营数据的分析，电子商务物流企业可以更好地了解客户需求和市场变化。此外，数据分析还能帮助企业优化运营流程，提高效率并降低成本。

10. 业务创新

随着市场的变化和技术的发展，电子商务物流企业需持续进行业务创新以保持竞争力，包括引入新的配送技术、开发新的服务模式或拓展新的市场等。

四、电子商务物流职业能力要求与主要岗位

1. 物流职业能力要求

物流职业能力是指从事物流行业工作的人员所应具备的各项能力。物流职业能力因涵盖范围广泛而成为一项复合型的能力体系，包括物流规划能力、物流管理能力、物流协调能力、物流沟通能力、物流技术应用能力等多个方面。

（1）物流规划能力

物流规划能力是指对物流系统进行规划和设计的能力，包括对运输、仓储、配送、信息等环节进行合理的安排和优化。物流规划人员需要具备丰富的物流知识和实践经验，能够根据客户的需求和市场环境制定高效、经济的物流方案。

（2）物流管理能力

物流管理能力是指对物流过程进行计划、组织、指挥、协调和控制的能力。物流管理人员需要掌握先进的物流管理理念和方法，能够运用现代信息技术和手段对物流过程进行精细化管理，提高物流运作效率。

（3）物流协调能力

物流协调能力是指对物流过程中各个环节进行协调和优化的能力。物流协调人员需要具备丰富的物流知识和实践经验，能够根据实际情况对各个环节进行合理的调整和优化，确保物流过程的高效运作。

（4）物流沟通能力

物流沟通能力是指与供应商、客户、政府部门等各方面进行沟通和协调的能力。物流沟通人员需要具备良好的沟通技巧和表达能力，能够有效地传递信息，解决各种问题和矛盾。

（5）物流技术应用能力

物流技术应用能力是指运用现代信息技术和手段进行物流管理和优化的能力。物流技术人员需要掌握先进的物流技术和相关软件操作方法，能够运用这些技术和手段提高物流运作效率和管理水平。

2. 电子商务物流企业的主要岗位

电子商务物流企业的主要岗位及相应的职责和要求见表 1–2。

表 1–2　电子商务物流企业的主要岗位及相应的职责和要求

岗位	职责	要求
物流管理专员	负责物流业务的规划、组织、协调、控制和改进，确保物流的安全、及时、高效和低成本	掌握物流管理与工程、交通运输、国际经济与贸易等相关专业知识，具备物流管理经验和能力，熟悉物流市场和法规，并具备良好的沟通、协调、分析和解决问题的能力
物流专员	负责物流订单的处理、发货安排、货运跟踪、异常处理等工作，维护与客户和供应商良好的合作关系	掌握物流管理或相关专业知识，有一定的物流业务操作经验，熟悉物流流程和相关知识，具备较强的责任心和团队合作意识
物流客服	负责处理客户的咨询、查询、投诉等需求，提供优质的客户服务，维护客户关系	有物流客服或相关领域工作经验，熟悉物流的基本流程和相关服务条款，具备良好的沟通、协调和应变能力
发货员	负责发货前的产品检查、打包、装车等工作，对货物进行跟踪控制，确保货物按时到达目的地	有发货员或相关工作经验，熟悉物流运输规范和要求，具备基本的计算机操作能力，有较强的执行力

续表

岗位	职责	要求
计划专员	负责存量分析和控制、优化库存结构、降低库存成本等工作，并制订相应的库存计划、安全库存、发货计划等	掌握物流管理或相关专业知识，有计划专员或相关工作经验，熟悉仓储管理和库存控制的相关知识和方法，具备较强的数据分析和处理能力
统计员	负责收集、整理、汇总、分析有关统计资料，及时呈报各种统计报表，为决策提供数据支持	掌握统计学或相关专业知识，有统计员或相关工作经验，熟悉统计原理和方法，精通 Excel 等办公软件，具备较强的数据分析和处理能力
仓库主管	负责仓库整体工作事务及日常管理，制定和执行仓库管理制度和标准，保证仓库运作的准确无误和高效率	掌握物流管理或相关专业知识，有仓库主管或相关工作经验，熟悉仓储管理和库存控制的相关知识和方法，具备较强的组织、协调、监督和指导能力

阅读与思考

在选择物流企业岗位时，需要综合考虑以下几个因素：自身的兴趣、特长、优势和劣势，岗位的职责、要求、待遇和发展空间，物流企业的规模、文化氛围和口碑，市场的需求、竞争、变化和趋势。

根据上述因素，首先，分析自身情况，确定自己适合从事哪些类型或领域的物流工作；其次，分析岗位情况，确定自己满足哪些岗位的要求或需要提升哪些能力；再次，分析企业情况，确定自己倾向于加入哪些企业或需要了解哪些企业的信息；最后，分析市场情况，确定自己面临哪些机会或需要应对哪些挑战，最终选择符合自身情况和目标的物流企业岗位，并制订个人发展计划，填入表 1-3 中。

表 1-3　个人发展计划

项目	
个人兴趣	
个人优势	
个人劣势	
岗位职责	
……	

知识拓展

大数据

随着互联网和电子商务的飞速发展，物流企业面临着前所未有的挑战和机遇。大数据技术的出现，为物流企业提供了优化运营、提高效率的新解决方案。大数据分析以其独特的特点，如庞大的数据量、多样化的数据类型、低价值密度以及快速的处理速度，为物流行业带来了革命性的变革。通过对所有数据进行全面收集、细致分类、精确处理和系统整理，大数据分析能够显著提升物流行业的服务水平。它使物流行业与材料供应商、产品制造商、批发零售商以及消费者之间的数据交换变得更加迅速和高效，从而获取准确的信息，为物流行业的决策提供有力支持。这种强大的推进作用不仅优化了物流行业的运营流程，还为其未来的发展奠定了坚实基础。

1. 数据收集

物流企业在运营过程中产生了大量数据，包括运输、仓储、配送等方面的数据。通过高效的数据收集，为后续的数据处理和分析提供基础。

2. 数据储存

面对海量的数据，物流企业需要构建稳定、高效的数据储存体系。云储存技术为物流企业提供了可行的解决方案，它既可以储存大量数据，又能够保证数据的安全性和隐私性。

3. 数据处理

数据处理是大数据应用的核心环节之一。物流企业需要对收集的数据进行清洗、整合和格式化等操作，以便进行后续的数据挖掘与分析。同时，处理后的数据还可以用于实时监控和预测物流运营状况。

4. 数据挖掘与分析

通过数据挖掘与分析技术，物流企业可以深入挖掘数据中的价值，发现运营规律和潜在问题。例如，通过分析历史运输数据，可以预测未来运输需求，提前做好运输计划和资源调配。

5. 数据可视化与报告

将挖掘和分析得到的数据以图表、图像等形式呈现，便于管理层和客户了解物流运营状况。通过定期报告的形式，可以让决策者及时掌握物流运营情况，

做出科学决策。

6. 数据应用与决策

大数据在物流企业中的应用广泛而深入。例如，利用用户行为数据和位置数据，可以精准预测货物需求和配送路线；通过分析历史销售数据和季节性变化，可以制定更加合理的库存管理策略。

7. 数据安全与隐私保护

在利用大数据的过程中，物流企业需要重视数据的安全性和隐私保护。一方面，要防止数据泄露和被恶意攻击；另一方面，要确保数据的合规性和合法性。因此，物流企业需要采取一系列的安全措施，如数据加密、访问控制、安全审计等，以保障数据的安全性和隐私性。

任务评价

请教师根据学生的实际学习情况进行全面、客观的评价。

学习任务	电子商务物流企业运营		
项目	评价内容	配分	得分
知识技能	掌握电子商务物流企业的运营结构	20	
	了解电子商务物流企业的工作流程	25	
	了解物流职业能力的要求	25	
	熟悉电子商务物流企业的岗位设置，以及相应的职责和要求	30	
任务评价		合计得分	

项目二
电子商务采购管理

电子商务采购，即在电子商务环境下的采购活动，也称网上采购。它通过电子商务交易平台发布采购信息，或主动在网上寻找供应商和产品，然后通过在线洽谈、比价、竞价实现网上订货，网上支付货款，最后通过线下的物流配送服务完成整个交易过程。

电子商务采购为采购提供了一个全天候、全透明、超时空的采购环境。该方式实现了采购信息的公开化，扩大了采购市场的范围，缩短了供需距离，避免了人为因素的干扰，简化了采购流程，降低了采购成本，提高了采购效率，大大降低了库存，使采购交易双方易于形成战略合作伙伴关系。

通过本项目的学习，我们将了解电子商务采购的基本流程，掌握电子商务采购的基本方法和技巧，能够根据特定情境进行电子商务采购的模拟实训。

学习任务 1　电子商务采购计划制订

任务目标

- **知识目标**

1. 了解电子商务采购的定义。
2. 掌握电子商务采购需求的确定、预算的编制、计划的制订。

- **技能目标**

1. 能够确定电子商务采购的需求。
2. 能够根据实际情况进行电子商务采购预算的编制。
3. 能够制订电子商务采购计划。

相关知识

在过去，企业在采购直接原材料时，普遍遵循一套传统的流程，其周期往往长达数周甚至数月。近年来，随着计算机网络信息技术的迅猛发展，通过互联网的 B2B 平台进行采购已成为企业提高采购效率和降低采购成本的有效途径。实践表明，电子商务采购通常能够节约总成本的 5%～40%。这种显著的物料采购成本减少，直接降低了企业产品成本，进而提升了企业在市场中的竞争力。

一、电子商务采购需求的确定

1. 采购人负责确定采购需求

（1）采购人对采购需求的确定承担主体责任。

采购人根据本企业采购需求，负责组织确定采购项目。那么，采购需求是由什么决定的呢?

1）年度销售计划：销售计划是各项计划的基础，年度销售计划是在参考过去年度自己本身和竞争对手的销售实绩的基础上，列出的销售量及平均单价的计划，即表明各种产品在不同时间的预期销售数量和单价。要想制订准确的采购计划，必须依赖于对销售因素的准确预测。

2）年度生产计划：年度生产计划是依据年度销售数量加上预期的期末存货减去期初存货而制订的计划。有了年度生产计划，就可以在正常的提前期内进行采购并获得有利的最终价格。要想制订准确的采购计划，就必须有一份准确的生产计划。

3）物料清单：物料清单是由产品设计部门或研发部门制定的，根据物料清单可以精确地计算出每一种产品的物料需求数量。要想制订准确的采购计划，必须依赖于最新、最准确的物料清单。

4）库存记录卡：库存记录卡用来表明某一材料目前的库存状况，包括账目和物料数量是否一致、物料存量是否全部是符合要求的高品质产品等。一张记载正确的库存记录卡是采购计划准确性的重要保证。

5）物料标准成本的设定：在编制采购预算时，由于难以准确预测未来拟采购物料的价格，所以通常会以标准成本作为替代方案。标准成本与实际购入价格的差额，即为采购预算正确性的评估指标。

6）生产效率：生产效率的高低将使预计的物料需求量与实际的耗用量产生偏差。

（2）采购人委托采购代理机构编制采购需求的，应当在采购活动开始前对采购需求进行书面确认。

2. 采购需求应当合规、完整、明确

（1）采购需求应当符合国家法律法规规定，执行国家相关标准、行业标准、地方标准等，落实政府提倡的优先采购环保节能产品、促进中小企业发展等相关政策要求。

（2）除因技术复杂或者性质特殊，不能确定详细规格或者具体要求外，采购需求应当完整、明确。必要时，可就确定采购需求征求相关供应商、专家的意见。

（3）采购需求应当包括采购对象需要实现的功能或者目标，满足项目需要的所有技术、服务、安全等要求，明确采购对象的数量、交付或实施的时间和地点，以及采购对象的验收标准等内容。

（4）采购需求描述应当清楚、规范、准确，能够通过客观指标量化的应当量化。

3. 加强采购需求论证和社会参与

（1）采购人可以根据项目特点，结合预算编制、相关可行性论证和需求调研情况对采购需求进行论证。

（2）需求复杂的采购项目可引入第三方专业机构和专家，吸纳社会力量参与采购需求编制及论证。

4. 严格依据采购需求编制采购文件及合同

（1）采购文件及合同应当完整反映采购需求的有关内容。

（2）采购文件设定的评审因素应当与采购需求对应，如果采购需求相关指标有区间规定，评审因素应当量化到相应区间。

（3）采购合同的具体条款应当包括项目的验收要求、与履约验收挂钩的资金支付条件及时间、争议处理规定、采购人及供应商各自权利义务等内容。

（4）采购需求、项目验收标准和程序应当作为采购合同的附件。

知识拓展

合　同

合同是平等主体的自然人、法人、其他组织之间设立、变更、终止合法的民事权利义务关系的具有法律效力的协议。一个标准的项目采购合同应包括以下内容：①产品名称、商标、型号、厂家、数量、金额、供货进度与日期；②产品的质量要求、技术标准，以及供方对质量负责的条件和权限；③交货地点和方式；④运输方式及到达站港和运输费用的承担方式；⑤合理损耗及计算

办法；⑥解决合同纠纷的方式；⑦终止合同的理由与责任；⑧付款方式；⑨奖金或罚款。

在编制采购文件及合同的过程中，要格外注意合同的变更、解除与终止条款和合同纠纷处理条款。合同的变更、解除与终止条款一般包括：①合同的变更，在合同当事人双方协商一致的前提下，基于一定的法律事实而改变、调整合同的内容和条款；②合同的解除，合同当事人双方达成一致，消灭即存的合同效力的法律行为，从而解除合同双方的债权和债务关系；③合同的终止，当事人双方依照合同的规定，履行其全部义务或双方一致确定合同的目标不可能实现时，合同即行终止。

合同纠纷处理条款一般包括：①协商，这是最常见的解决纠纷的方法；②调解，由双方都认可的第三方（上级主管部门、合同管理机构等）出面从中调停，以事实、合同条款和法律为依据，通过说服当事人，促使双方当事人和解，使合同双方自愿地达成解决协议；③仲裁，仲裁机关对合同争议所进行的裁决；④诉讼，司法机关和案件当事人为解决案件，依法定诉讼程序所进行的全部活动。

二、电子商务采购预算的编制

电子商务采购预算是指电子商务采购部门在一定计划期间（年度、季度或月度）编制的材料采购用款计划。采购预算将企业未来一定时期内经营决策的目标通过有关数据系统地反映出来，是经营决策具体化、数量化的表现。

1. 零基预算

零基预算是指预算收支以零为基点，对预算期内各项支出的必要性、合理性或者各项收入的可行性以及预算数额的大小逐项审议决策，从而确定收支水平的预算。零基预算一般适用于不经常发生的或者预算编制基础变化较大的预算项目，如对外投资、对外捐赠等。

2. 固定预算

固定预算是指根据预算内正常的、可实现的某业务量水平编制的预算，一般适用于固定费用或者数额比较稳定的预算项目，如固定成本等。

3. 滚动预算

滚动预算是指随时间的推移和市场条件的变化而自行延伸并进行同步调整的预算，适用于季度预算的编制，如销售预算、生产预算。

4. 弹性预算

弹性预算是指按照成本（费用）类型，根据量、本、利之间的依存关系编制的预算。弹性预算一般适用于与业务量有关的成本（费用）、利润等预算项目，如变动成本、混合成本等。

三、电子商务采购计划的制订

目前电子商务企业的竞争越来越激烈，商品的选择和采购变得非常重要。因此，采购人员需要认真细致地确定各项采购需求内容，制订切实可行的采购计划。

1. 明确采购的产品和服务

对于采购的产品，要考虑它的功能，还要明确它的设计、生产能力，运行的可靠性，对生产制造过程的要求，使用便利程度、耐久性和安装要求，此外还包括适用性、灵活性、环保性以及特殊要求等。对于服务产品，可以考虑用服务的产出和结果来明确具体要求。

2. 明确采购数量

常用的订购方式主要有两种，分别是定量补货和定期补货。定量补货是指当库存量降到一定水平时，按固定的数量进行订购的方式。定量补货为企业提供了缓冲，可防止潜在的缺货。定期补货是指按照固定的时间周期来订购，而订购数量是变化的。拥有巨大仓库容量、可预测客户需求和低缺货风险的公司通常使用定期补货。定期补货的缺点是库存水平仅在定期审查时间内进行衡量，因此无法知道产品在两次审查之间是否不足。

3. 明确具体交付方式

（1）明确送货次数和送货时间。

（2）明确交货地点。

4. 明确对供应商的服务要求

（1）供应商响应的速度。

（2）技术支持与培训。

（3）维护与维修服务。

5. 明确采购计划应包含的项目

采购计划应包含的项目见表 2-1。

表 2-1　采购计划应包含的项目

项目	目的
计划概要	对拟议的采购计划进行扼要的综述，便于管理机构快速浏览
目前采购状况	提供有关物料、市场、竞争以及宏观环境的相关背景资料
机会与问题分析	确定主要的机会、威胁、优势、劣势和采购面临的问题
计划目标	确定计划在采购成本、市场份额和利润等领域所完成的目标
采购战略	提供将用于实现计划的主要手段
行动方案	确定采购人员、采购时间安排及采购费用
控制	明确如何监测采购计划的实施

实战演练

A 企业采购专员小李收到了来自采购主管下达的任务，要求在 2024 年 1 月 1 日前完成企业主营产品婴儿车配件的物料采购计划的制订，并需要严格遵循以下步骤。

一、物料分类

首先，必须将所需采购的物料依据其本身重要性进行分类处理。物料通常可分为四大类：

1. 价值较高、价格较贵的物料，其需求数量又有时间性、季节性者，应预先予以估计，并应控制最低与最高存货量。

2. 价值高但不必确定存货量的物料。

3. 预算采购数量已确定，但未确定需要使用时间的物料。

4. 仅在预算期间内列明采购总金额的其他项目。

二、分析与采购相关的资料

1. 生产计划

通过销售预测和人为判断，即可拟订销售计划或目标。销售计划是表明各种产品在不同时间的预期销售数量；而生产计划则依据销售数量，加上预期的期末存货减去期初存货来拟订。

2. 用料清单（BOM）

生产计划只列示产品的数量，若想直接知道某一产品需用哪些物料以及数量多少，则需借助用料清单。用料清单由研发或产品设计部门拟订，内容列示各种产品由哪些材料所制造或组合而成。根据该清单可以精确计算制造某一种产品的用料需求数量。而用料清单所列的耗用量，即通称的标准用量，与实际用量相比的结果，可作为用料管制的依据。

3. 存量管制卡

若产品有存货，则生产数量不一定要等于销售数量。同样，若材料有库存，则材料采购数量也不一定要等于根据用料清单所计算的材料需求量。因此，必须查阅物料的存量管制卡，以确切了解某一物料目前的库存状况，再依据用料需求数量，并考虑购料的作业时间和安全存量水准，从而计算出正确的采购数量。

三、确定各类物料采购数量

生产计划、用料清单或材料需求计划以及存量上下限额是决定采购数量的主要依据。各类物料的采购数量可依下述步骤来计算。

1. 先预估预算期内销售所需物料数量。
2. 根据预估销售所需物料数量加上最低与最高存货量，求出其需求量总数。
3. 以上数据减去上期期末存量，即为计划期间内的最低与最高采购数量。

计算公式为：

生产需要量 + 最高存货限额期末存货 = 最高采购限额

生产需要量 + 最低存货限额期末存货 = 最低采购限额

四、填写采购计划表

接下来就是将计算出来的数量及其他信息填入采购计划表中，作为采购依据并存档备案。

任务评价

请教师根据学生的实际学习情况和任务完成效果进行全面、客观的评价。

学习任务	电子商务采购计划制订		
项目	评价内容	配分	得分
知识技能	掌握电子商务采购需求的确定	20	
	掌握电子商务采购预算的编制	20	
	掌握电子商务采购计划的制订	20	

续表

项目	评价内容	配分	得分
职业素养	具备信息搜集和处理能力	10	
	具备一定的团队合作和沟通能力	10	
	工作态度细致、认真、严谨	10	
	具备一定的创新能力	10	
任务评价		合计得分	

学习任务 2　电子商务采购模式分析

任务目标

- **知识目标**

1. 了解电子商务采购模式的类型。
2. 掌握电子商务主要采购模式的具体内容。

- **技能目标**

1. 能够对不同的电子商务采购模式进行分析。
2. 能够根据实际情况进行电子商务采购模式实践。

相关知识

电子商务采购是一种适应时代发展的先进采购模式，具有公开、透明、快捷和低成本等特点，能够有效地避免采购过程中的腐败和风险，提高采购效率。

一、电子商务采购模式类型

根据实施主体的不同，企业电子商务采购模式可分为三种，即卖方系统（sell-side system）、买方系统（buy-side system）和第三方采购系统（third-party system/portals）。

1. 卖方系统

卖方系统是指供应商为增加市场份额，以网络作为销售渠道而搭建的电子商务系统，它包括一个或多个供应商的产品或服务。登录卖方系统通常是免费的。使用这一系统的好处是访问容易，能接触更多的供应商，买方无须任何投资。

2. 买方系统

买方系统是企业自己控制的电子商务系统，它通常连接企业的内部网络（intranet），或企业与其贸易伙伴形成的外部网络（extranet）。这一系统通常由一个或多个企业联合建立，目的是把市场的权利和价值转向买方，如GE塑料全球供应商网络、美国三大汽车企业的全球汽车零配件供应商网络等。这一系统的好处是客户响应快速、节省采购时间以及利于对采购过程进行控制和跟踪，缺点是资金投入和维护成本大。

3. 第三方采购系统

（1）采购代理

第三方采购代理为企业提供了安全的网络采购场所，并提供诸如在线投标和实时拍卖等服务。

（2）联盟采购

联盟采购是指一组不同的企业把其要采购的相似的商品在数量上累加，以增强集团购买力。这种系统通常由几家企业共同开发和维护。

（3）中介市场

中介市场由专业的网络企业建立，用来匹配企业和多个供应商的在线交易。

知识拓展

门户（portals）是描述在互联网上形成的各种市场的术语，它有两种类型：

（1）垂直门户（vertical portals）是经营专门产品的市场。例如，MetalSite是专门买卖金属的垂直门户，而CheMatch是专门经营石油化工和塑料制品的垂直门户。

（2）水平门户（horizontal portals）是集中了种类繁多的产品的门户，如Ariba、Commerce One、Free Markets都是水平门户。

二、电子商务采购模式实践

1. 电子商务采购前的准备工作

对于采购商而言，采购前的准备工作实质上就是与供应商进行信息交互的过程，

包括从供应商获取关键信息。在网络时代，这一过程发生了显著变化：供应商开始积极地在网上发布自己产品的各类信息，如价格、质量、企业状况和技术支持等；而企业则能够随时上网查询，迅速掌握所需商品的信息资源。通过这种推拉式的互动，双方共同促进了商品信息的供需匹配。

2. 电子商务供需双方的磋商

在网络环境下，传统的采购磋商流程得以彻底革新。原先烦琐的单据交换，如今已简化为记录、文件或报文在网络间的快捷传输。借助各种网络工具和专用的数据交换协议，网络传递的准确性和安全可靠性得到了有力保障。企业在筛选出能够确保最佳产品质量、最合理价格以及最优质服务的供应商后，即可与其在网上展开磋商和谈判。此外，诸如价目表、报价表、询盘、发盘、订单、订购单应答、订购单变更要求、运输说明、发货通知、付款通知、发票等各类商贸单据和文件，在网络交易中都被统一为标准化的报文形式。这不仅大幅减少了交易过程中的漏洞和失误，还进一步规范了整个采购流程，提升了交易效率。

3. 电子商务合同的签订与执行

磋商结束后，为确保磋商成果的落实和合同履行的监督，双方务必以书面形式正式签订采购合同。这一举措旨在杜绝采购流程中的任何不规范操作，并有效预防因合同无效而引发的经济纷争。鉴于网络协议和商务信息工具的高度准确性和安全可靠性，双方均可将磋商文件作为约束采购行为及执行磋商结果的有力依据。

4. 电子商务支付与清算

采购流程结束后，货物将顺利入库，随即企业与供应商进人支付与结算环节。

当前，企业向供应商支付采购价款的方式主要归为两大类：一类是电子货币类支付方式，涵盖电子现金、电子钱包、电子信用卡等多种便捷形式，这类方式主要适用于企业与供应商之间的小额支付，操作简便快捷；另一类则是电子支票类支付方式，如电子支票、电子汇款、电子划款等，这类方式更适用于大额资金的结算，虽然操作相对复杂，但是确保了资金的安全与准时到账。

实战演练

随着电子商务的快速发展与普及，电子商务采购模式也在不断地推陈出新，企业需要结合自身发展的需要，寻求更适合自身发展的采购模式。A 企业采购专员小李根据采购主管下达的指令，要进行企业主营产品婴儿车配件的电子商务采购，并需要遵

循以下步骤。

1. 采购商与供应商建立初步合作关系，如图 2–1 所示。

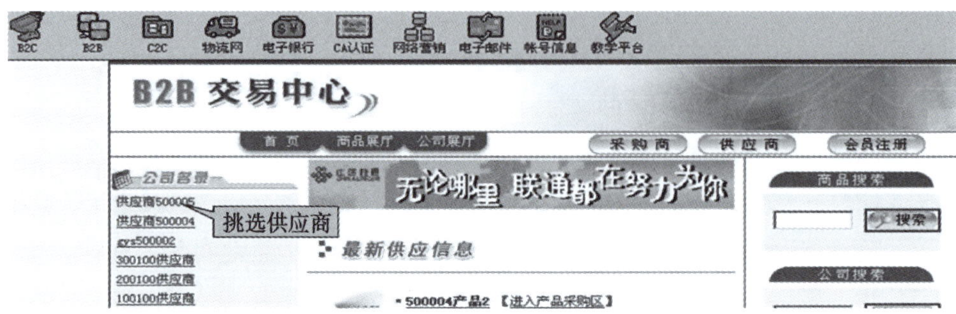

图 2–1　采购商与供应商建立初步合作关系

2. 采购商向供应商下订单，如图 2–2 所示。

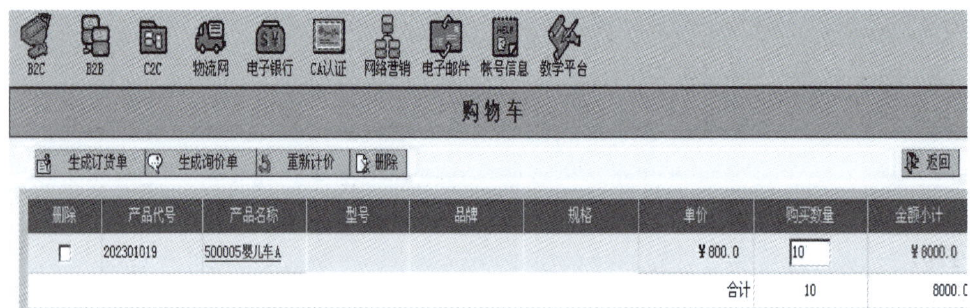

图 2–2　采购商向供应商下订单

3. 供应商受理采购订单，如图 2–3 所示。

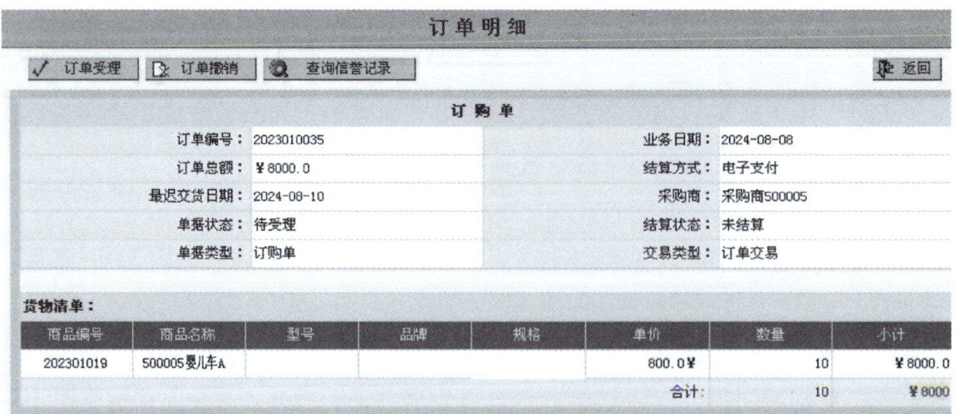

图 2–3　供应商受理采购订单

4. 采购商确认订单，如图 2-4 所示。

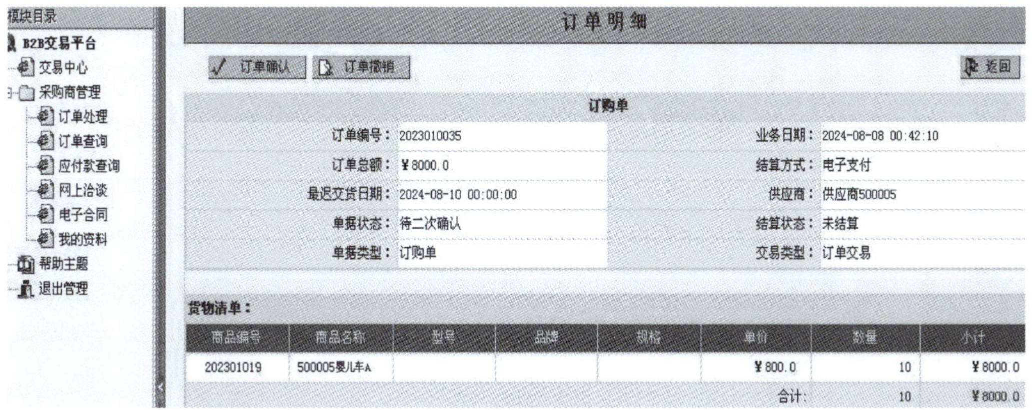

图 2-4　采购商确认订单

5. 供应商生成销售单，如图 2-5 所示。

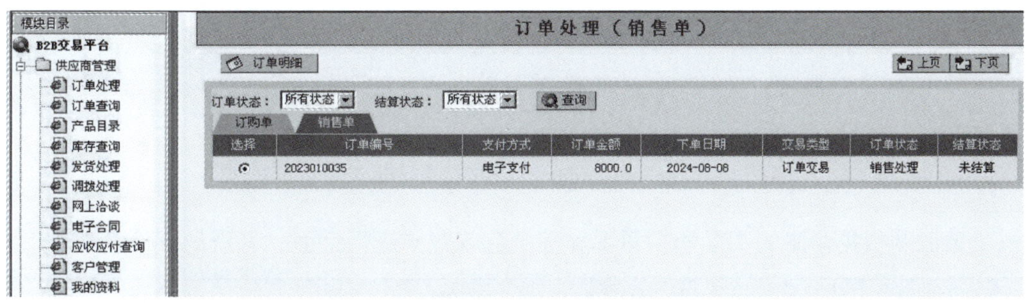

图 2-5　供应商生成销售单

6. 供应商将销售单生成配送单，如图 2-6 所示。

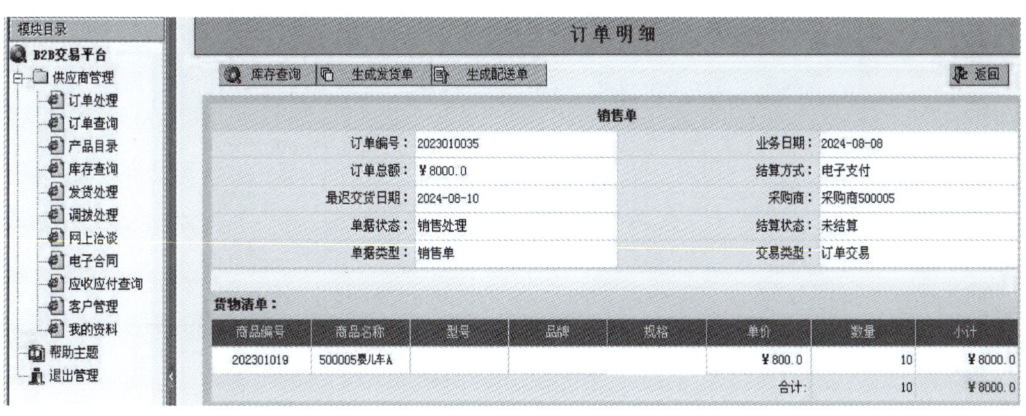

图 2-6　供应商将销售单生成配送单

7. 采购商确认收货、付款，如图 2-7 所示。

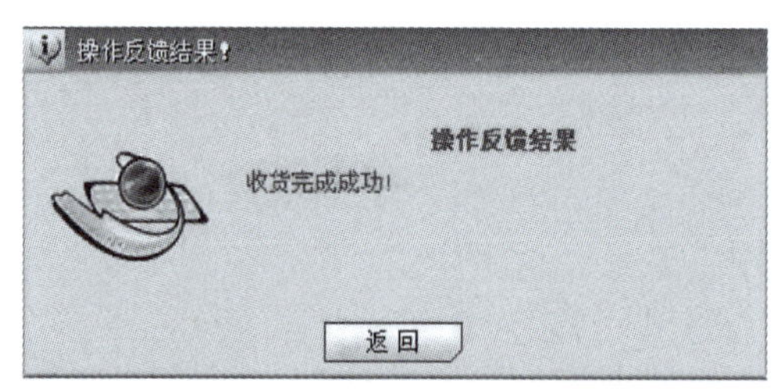

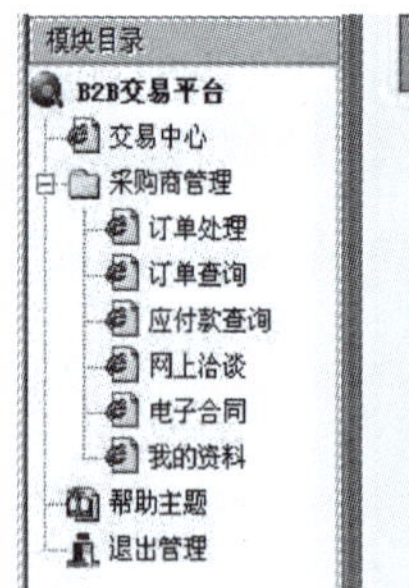

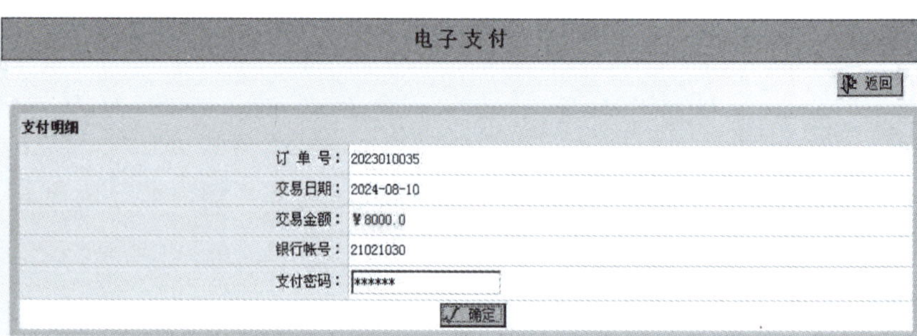

图 2-7　采购商确认收货、付款

任务评价

请教师根据学生的实际学习情况和任务完成效果进行全面、客观的评价。

学习任务	电子商务采购模式分析		
项目	评价内容	配分	得分
知识技能	掌握电子商务采购的卖方系统模式	20	
	掌握电子商务采购的买方系统模式	20	
	掌握电子商务采购的第三方采购系统模式	20	
	能够根据实际情况进行电子商务采购模式实践	20	
职业素养	具备信息搜集和处理能力	10	
	具备一定的团队合作和沟通能力	10	
任务评价		合计得分	

学习任务 3　电子商务采购流程管理

任务目标

- **知识目标**

1. 了解电子商务采购流程管理。
2. 掌握电子商务采购成本和信息管理。

- **技能目标**

能够根据实际情况进行电子商务采购流程管理。

相关知识

电子商务采购流程一般包括：建立企业内部网、管理信息系统，实现业务数据的计算机管理→建立企业的电子商务网站，使用电子商务采购的功能→利用电子商务网站和企业内部网收集企业内部各单位的采购申请→对企业内部的采购申请进行统计整理，形成采购招标任务→针对既定的电子商务采购任务进行网上采购的策划→进行网上采购的实施。电子商务采购流程管理中，以电子商务采购成本管理和电子商务采购信息管理为核心。

一、电子商务采购成本管理

电子商务采购成本是指在网上采购的过程中所发生的全部费用，它是购买商品和服务所支付的实际总价，包括安装费用、税费、存货运输成本、检验费、维修或调整费用等。电子商务采购成本管理主要包含以下四个方面的内容：

1. 所采购产品或服务的形态

所采购产品或服务的形态包括一次性采购和持续性采购两种。如果采购的形态有所转变，那么采购的策略也必须跟着调整。持续性采购对成本分析的要求远高于一次性采购；但一次性采购的金额如果相当庞大，也不可忽视其成本分析。

2. 年需求量与年采购额

年需求量与年采购额关系到在与供应商议价时能得到较好的议价优势。

3. 与供应商之间的关系

买方与供应商的关系有传统、认可、伙伴和战略联盟的区别，不同的关系会有不同的成本信息分享方式。如果与供应商的关系不够紧密，那么获得详细的成本结构资料将变得困难。只有当双方建立起深厚的合作关系，彼此信赖时，才能实现更全面的成本分享和更透明的成本结构资料交流。

4. 产品所处的生命周期阶段

产品生命周期（PLC）是指一个产品从进入市场、成长、成熟到最终逐渐退出市场的周期性变化过程。采购量与产品所处的生命周期阶段有直接关系，产品由导入期、成长期到成熟期，采购量会逐渐增加，直至进入衰退期，采购量才开始减少。

二、电子商务采购信息管理

1. 电子商务采购信息管理的不足

（1）信息效度无法保障

当前的信息管理体系主要依赖信息收集系统来深入挖掘所需数据，这些数据首先是从外部客观环境中获取的原始信息，随后通过编制系统进行一轮或二轮的处理。然而，这一体系的信息来源相对单一，缺乏多样性。尽管信息收集与处理流程能够实现对大量信息的储存，但其在信息过滤方面的功能却相对不足，导致存储空间被大量无效信息占用，进而降低了信息的有效性和利用率，使得系统内的信息难以充分发挥其价值。

（2）决策支持系统融入不够合理

现阶段企业信息管理系统的主要功能就是进行信息储存与信息传输。在信息化高度发展的现代社会，要求决策支持系统与信息系统高度融合，而现阶段的信息管理系统还存在一些缺陷，辅助企业决策的作用不能完全发挥出来。

（3）信息安全存在隐患

目前信息管理系统已趋向成熟，与之相应的防火墙技术也已得到了非常好的应用。但是，由于信息危险动态发展的特点，现在的企业信息管理系统依然存在安全方面的隐患。现阶段，网络高智商犯罪的比重在不断增加，企业在实现了更便捷的信息管理的同时，也面临着更加隐蔽的网络安全风险。对于这些风险，当今企业的应对能力还比较薄弱，这直接影响了企业的运营安全。

2. 电子商务采购信息管理的策略

（1）管理体系复合化

以往传统的信息管理体系以线性为主，但已无法充分满足当今时代的需求。因此，

建立一种新型的结构模式成为大势所趋，即以往的线性结构向平面性结构转变，将数据库类型进行划分，主要分为动态数据和静态数据两个部分，这样能够提升数据信息的处理效率和水平。同时，通过数据融合和数据组成将收集信息的“黑盒子”打开，使原本单一的数据收集变成更加富有深度的数据挖掘，将隐藏在数据内部的意义充分挖掘出来，进而提升信息管理的效率和质量。

（2）管理系统功能化

与传统的职能化信息管理方式相比，新型的信息管理模式更加注重信息的储存与传输功能，能够实现职能化向功能化的转变，更加侧重于信息的分析和决策。因此，信息管理系统功能化已成为企业管理系统中的一个重要组成部分，其功能也在不断更新和完善。先进的信息管理系统能够促进企业的管理体制、经营思想和决策方式发生改变，从而加速企业管理的现代化，提高企业业务运行效率。

（3）管理目标绩效化

以往信息管理对于企业来说是资源管理，目前的现代化企业信息管理同时也考虑企业的长远利益和企业文化的辐射。这一趋势将对信息管理产生较大影响，使其从追求经营效率向追求投资价值转变。在对信息进行价值管理时，更加强调信息的绩效及其能够对企业产生的重要作用，能够促进企业的价值观更加规范合理，并且能够使企业的信息管理真正反映绩效的实际情况。

实战演练

A 企业采购专员小李在其采购主管的指导下，遵循以下步骤，完成电子商务采购流程管理。

一、进行采购分析与策划

针对既定的电子商务采购任务，制定标准的网上采购流程。

二、设计电子商务采购流程页面

按照采购标准流程设计采购流程页面，页面中具备电子商务采购所需的功能。

三、建立系统

建立企业内部网络及信息管理系统，实现采购等业务数据的智能化管理。

四、发布招标采购信息

采购企业通过互联网采购平台发布招标采购信息（招标书或招标公告），详细说明对物料的需求等；或者在网上搜索相关供应商，主动联系他们进行询价和物料信息咨询。

五、筛选供应商

收集供应商投标书或进行洽谈，对供应商进行初步筛选。

六、网上评标

由管理系统按设定的标准进行自动选择，或由评标小组进行分析选择。

七、公布中标企业

在网上公布中标企业，并通知中标企业。如有必要，对供应商进行实地考察，考察后再签订采购合同。

八、实施采购

中标企业按采购订单，通过运输交付货物，采购企业支付货款，处理有关善后事宜。根据供应链管理思想，供需双方需要进行战略合作，实现信息共享。采购企业可以通过网络了解供应商的物料质量及供应情况，供应商可以随时掌握所供物料在采购企业中的库存情况及采购企业的生产变化需求，以便及时补货，实现准时化生产和采购。

任务评价

请教师根据学生的实际学习情况和任务完成效果进行全面、客观的评价。

学习任务	电子商务采购流程管理		
项目	评价内容	配分	得分
知识技能	了解电子商务采购流程管理	20	
	掌握电子商务采购成本管理	20	
	掌握电子商务采购信息管理	20	
职业素养	具备信息搜集和处理能力	10	
	具备一定的团队合作和沟通能力	10	
	工作态度细致、认真、严谨	10	
	具备一定的创新能力	10	
任务评价		合计得分	

项目三
货物分类整理及货架货位规划

到库货物核实单货一致后，就要将其分类整理到仓库的待检区，以方便仓库的质检人员准备检验工具开展质检工作。同时，为了合格品尽快上架并利于货物储存，还需要合理安排仓库货位，对货架货位进行规划、编码与标识，并将货架货位的规划与分布情况绘制成物资货位图。

通过本项目的学习，我们将了解仓库区域的划分，明确不同作业区的工作内容，掌握货物的基本分类，正确绘制物资货位图。

学习任务1　货物分类整理

任务目标

- 知识目标

1. 了解仓库区域的划分，明确不同作业区的工作内容。
2. 掌握货物的基本分类。
3. 了解货物分类的技巧。

- 技能目标

1. 能够按照货物分类标准对货物进行分类整理。
2. 能够对货物的分类整理进行记录。

相关知识

工作人员依据货物的基本分类、仓库工作区域的划分等，将货物分门别类地堆放到仓库的待检区，仓库管理员再对待检货物进行分类整理。货物分类整理是物流企业管理中非常重要的一环，它具有提高企业管理效率、方便货物出入库、便于统计和分析、保障货物质量以及便于客户查询等多方面的优势。

一、货物的基本分类

1. 货物分类的概念

货物分类是指为了一定目的，选择适当的分类标志，将货物集合总体科学、系统地逐级划分为大类、中类、小类、细目的过程。

2. 货物分类的方法

（1）按货物的用途分类

货物用途体现货物使用价值的属性，是用户购买货物的重要依据。按照货物用途分类，便于对相同用途的各种货物进行比较，增加品种，方便消费者对比选购，有利于销售和消费的有机衔接。它不仅适合对货物大类进行划分，也适用于对货物中类、小类的进一步详细划分，但对有多用途的货物不适用。

（2）按货物的原材料分类

货物的原材料是决定货物质量和性能的重要因素。原材料的种类、质量不同，会使货物具有不一样的特征。按原材料分类是货物分类的重要方法之一，它可从另一个角度反映货物的使用功能和价值，为确定销售、运输、储存条件提供依据，有利于保证货物流通中的质量，但对用多种原材料组成的货物（如汽车、电冰箱等）不适用。

（3）按货物的生产方式分类

很多货物即使采用相同的原材料，由于生产方式不同，也会具有不同的质量特征，从而形成不同的品种。这种分类方法有利于突出货物个性，也有利于销售和工艺革新。

3. 货物分类的层次

（1）货物大类

货物大类体现货物生产和流通领域的行业分工，如服装类、食品类、水产类等。

（2）货物中类

货物中类是具有若干共同性质或特征的货物的总称，如食品类货物又可分为蔬菜

和水果、肉和肉制品，乳和乳制品，蛋和蛋制品等。

（3）货物小类

货物小类是对货物中类的进一步划分，体现具体的货物名称。例如，酒类货物分为白酒、啤酒、葡萄酒、果酒等。

（4）货物细目

货物细目是对货物品种的详尽区分，包括货物的规格、花色、等级等，更具体地体现货物的特征，如52度500 mL单瓶装五粮液。

知识拓展

超市经营的商品种类可以达到上万种，涵盖了人们衣食住行方方面面，而所有商品的特性不尽相同，保存条件、贩卖方式、运输方法、处理技术、陈列要领也各有不同。因此，超市对品种繁多的商品进行分类处理，将商品分门别类地进行采购、配送、销售、库存、核算，可以大大提高管理效率和经济效益。

一般来讲，超市商品可以划分成大类、中类、小类和细目四个层次。

1. 大类

大类是超市商品最粗线条的分类，通常按商品的特性来划分，如水产品、畜产品、果蔬、日配加工食品、一般食品、日用杂品、家用电器等。大类的划分最好不要超过10种，这样比较容易管理。

2. 中类

中类是大类中细分出来的类别，分类标准有三种：

（1）按照商品功能与用途划分

例如，在日配加工食品这个大类下，可以分出牛奶、豆制品、冷冻食品等中类。

（2）按照制造方法划分

例如，在畜产品这个大类下，可以细分出生肉类和熟肉制品等中类。

（3）按照商品的产地划分

例如，在家用电器这个大类下，可以分出进口家电与国产家电的中类。

3. 小类

小类是中类中进一步细分出来的类别，主要的分类标准有：

（1）按照功能用途划分

例如，在畜产品大类猪肉中类下，可以进一步细分出排骨、里脊肉、肉馅、棒骨等小类。

（2）按照包装规格划分

例如，在一般食品大类饮料中类下，可以进一步细分出瓶装饮料、听装饮料、盒装饮料等小类。

（3）按照商品成分划分

例如，在日用百货大类水杯中类下，可以进一步细分出不锈钢水杯、陶瓷水杯、木质水杯、玻璃水杯等小类。

（4）按照商品口味划分

例如，在糖果饼干大类饼干中类下，可以进一步细分出咸味饼干、甜味饼干、果味饼干等小类。

4. 细目

细目是商品分类中不能进一步细分的、完整独立的商品品项。例如，广州宝洁有限公司生产的“400 mL 飘柔洗发水”“200 mL 沙宣洗发水”“750 mL 潘婷洗发水”就是三个不同的细目。

对到库货物进行分类整理是一项非常基础的工作。针对不同货物，要学会有依有据地将货物整理到各自的区域。

二、仓库的工作区域划分

为了实现仓库有效区域的合理利用，根据仓库作业的需要，一般将仓库中可储存物品的区域划分为待检区、待处理区、合格品储存区和不合格品隔离区。仓库工作人员在进行作业时，应切记不同状态的物品必须在相应的作业区进行处理。

1. 待检区

待检区通常是暂时存放待检验或处于检验过程中的物品的区域。它一般位于仓库入口附近，便于入库物品的卸载及检验。该区域以黄色作为标志。

2. 待处理区

待处理区通常是暂时存放不具备验收条件或质量暂时不能确认的物品的区域。它一般位于仓库入口附近，与待检区临近，便于进一步检验。该区域以白色作为标志。

3. 合格品储存区

合格品储存区通常是指保存合格物品的区域。它是仓库的主要储存区域，所以其位置、仓储条件自然也是最好的。该区域以绿色作为标志。

4. 不合格品隔离区

不合格品隔离区通常是暂时存放质量不合格的物品的区域。它位于仓库的出口附近，这样便于物品的搬运。该区域以红色作为标志。

对于以货物收发为主的流通型库房（如中转仓库），还可以增加拣货及出库储存区（即备货区）。

三、货物分类整理的技巧

货物分类整理时有以下技巧：

1. 不同状态的货物必须在仓库相应的作业区进行处理。

2. 放入待检区的货物就应进行分类整理。对于检验合格的入库货物、待处理货物甚至不合格品，都应进行分类整理与储存。

3. 货物的分类要选择合适的分类依据。

实战演练

仓库管理员小张接单审单之后，还要对到库货物进行质量检验才能完成收货。只有检验合格的货物才能入库储存，进入销售环节。由于不同货物的质量检验方法、仪器设备等不同，所以需要对到库货物进行分类整理，以使有效提高仓库质检人员的检验效率。仓库管理员小张对到库货物进行分类整理时，工作步骤如下：

一、清理仓库的待检区

仓库中不同状态的物品，如待检货物、出库货物、不合格品等，必须在仓库不同作业区域进行处理。显然，到库所卸货物应进入待检作业区。为了方便所卸货物在待检区堆放，仓库管理员小张提前对这一作业区域进行了清理。

二、分类整理待检货物

由于不同货物的储存条件、堆码要求、检验方法等不同，仓库需要对货物实施分类管理，而分类整理是其中一项基础性的工作。仓库管理员小张对到库待检货物进行分类整理，并将整理结果记录在表 3-1 中。

表 3-1　入库货物分类整理结果记录表

分类依据	大类	中类	小类	细目		
				品名	规格	型号

任务评价

请教师根据学生的实际学习情况和任务完成效果进行全面、客观的评价。

学习任务	货物分类整理		
项目	评价内容	配分	得分
知识技能	明确分类整理的工作内容及要求	15	
	了解仓库区域的划分，能识别仓库的不同区域	15	
	熟悉货物的基本分类	15	
	能依据分类进行货物整理	15	
职业素养	严格遵守仓库的规章制度和工作规范	10	
	严格履行岗位职责，做到收发有据	10	
	工作态度认真、细致、严谨	10	
	工作有条理	10	
任务评价		合计得分	

学习任务 2　货架货位规划

任务目标

知识目标

1. 了解仓库货架货位规划。
2. 掌握货架货位的编号。

技能目标

1. 能够根据货物的性质对仓库内货位进行合理分配。
2. 能够绘制物资货位图。

相关知识

货架是仓储的主要设施之一，是工业仓库、物流中心、配送中心不可或缺的组成部分。货位是指仓库中实际可用于堆放货物的位置。货位的选择是在货物分区分类的基础上进行的，因此货位的选择应遵循确保货物安全、方便吞吐发运、力求节约仓容的原则。

货架货位规划是指对仓库的货架货位进行合理的规划、编码，并将该编码标识于货架上，以方便合格货物快速出入库，同时方便对货架、货位、上架货物进行信息管理。货架货位规划应根据货物的性质和仓库内货位分配的原则，计划货物所需占用的仓容大小，为货物安排合适的存放位置。

一、货位分配的基本原则

货位分配是指在储存空间规划设计后，将货位按一定的方式和原则分配给货物进行储存。

1. 货物相关性原则

相关性大或互补的货物，可以将其尽可能地存放在相邻位置以便储存和提取。

2. 周转率大小原则

根据货物在仓库存放的平均时间确定其周转率的大小，存放的平均时间越短，周转率越大。将周转率大的货物储存在出入口附近的位置，周转率小的货物存放在远离出入口的位置。

3. 货物体积、重量特性原则

为保证货架的安全并方便搬运，通常将重量大的货物保管在地面上或货架的下层位置。人的腰部以下的高度通常宜储放重物或大型货物。

二、货位分配的主要方法

货位分配的主要方法见表 3-2。

表 3-2　货位分配的主要方法

方法	具体内容	优点	缺点
定位储放	每一类货物都有固定的货位，货物在储存时不可互相窜位。采用这一储存方法时，要注意每一种货物的货位容量必须大于其可能的最大在库量	（1）每一类货物都有固定的储放位置，拣货人员容易熟悉货物货位 （2）货物的货位按周转率大小或出库频率来安排，可缩短出入库搬运距离 （3）针对各种货物的特性作货位的调整，可将不同货物特性间的相互影响减至最小	货位必须按各种货物的最大在库量设计，因此储区空间平均的使用效率较低
随机储放	货物的储存位置是随机指定的，而且可以经常改变，即任何货物可以被存放在任何可利用的位置。一般由储存人员按习惯来储放，且通常可按货物入库的时间顺序储放于靠近出入口的货位	（1）对操作人员比较方便 （2）能够较充分利用空间	（1）货物的出入库管理及盘点工作的难度较高 （2）周转率高的货物可能被储放在离出入口较远的位置，增加了出入库的搬运距离 （3）具有相互影响特性的货物可能相邻储放，容易造成货物的损害甚至发生危险
分类储放	所有的储存货物按照一定特性加以分类，每一类货物都有固定存放的位置，而同属一类的不同货物又按一定的规则来指派货位	（1）便于畅销品的存取和仓储管理 （2）各分类的储存区域可根据货物特性再作设计，同样有助于货物的储存管理	货位必须按各类货物的最大在库量设计，因此储区空间平均的使用效率较低
分类随机储放	每一类货物有固定存放位置，但在各类储区内，每个货位的指派是随机的	可吸收分类储放的部分优点，又可节省货位数量，提高储区利用率	货物出入库管理及盘点工作难度较大

续表

方法	具体内容	优点	缺点
共同储放	在确定各货物的进出仓库时刻后，不同的货物可共用相同货位	在储存空间和搬运时间方面更经济	在管理上比较复杂

三、货架货位规划的基本思路

1. 根据货物特性分区分类储存，将特性相近的货物集中存放。

2. 将单位体积大、单位重量大的货物存放在货架底层，并且靠近仓库出口或通道。

3. 将周转率高的货物存放在出入库装卸搬运较便捷的位置。

4. 将同一供应商或者同一客户的货物集中存放，以便进行分拣配货作业。

5. 尽可能将卸货、验收、上架等作业集中在一个场所进行，方便整个入库流程高效率地完成。

实战演练

为了将检验合格的货物尽快上架并有利于货物储存，还需要合理安排库房货位，对货架货位进行规划、编码与标识，并将货架货位的规划与分布情况绘制成物资货位图。仓库主管小张在进行货架货位规划时，具体的工作步骤如下：

一、对货架货位进行规划

结合货物的特性及储存要求，按仓库分库分类原则，对货架进行规划，实现货位管理。

二、对货架货位进行编码

在规划好各个储存区货位后，需要对规划好的货架上的货位进行编码。

目前，仓库中常见的编码形式有以下几种：

1. 仓库内储存场所编码

整个仓库内的储存场所一般有库房、货棚、货场等，按照自左向右或自右向左的顺序，各自连续编码。库房的编码一般写在库房的外墙上或库门上，货场的编码一般写在场地上，货棚编码书写的地方可根据具体情况而定，总之所有的编码都应该一目了然。

2. 库房编码

对于多层库房的编码，通常使用数字或字母来表示库房、层次、仓间、货架和货格，如图 3–1 所示。

图 3–1　库房编码

3. 货位编码

货位布置的方式一般有横列式、纵列式、纵横式、倾斜式等。货位布置的方式不同，其编码的方式也不同。

横列式货位即货位横向摆放，可采用横向编码，如图 3–2 所示。

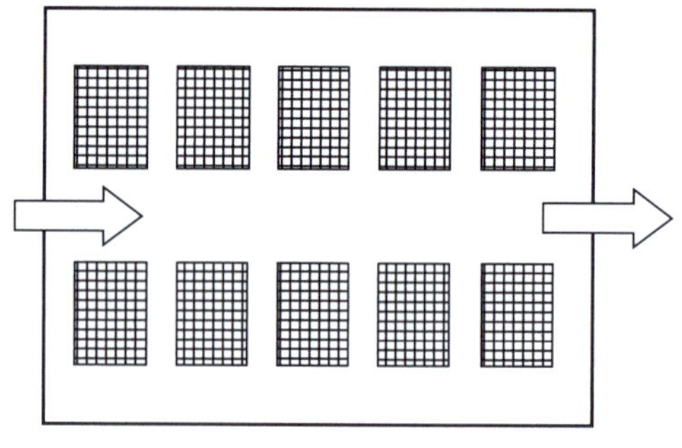

图 3–2　货位横列式布局

纵列式货位即货位纵向摆放，可采用纵向编码，如图 3–3 所示。

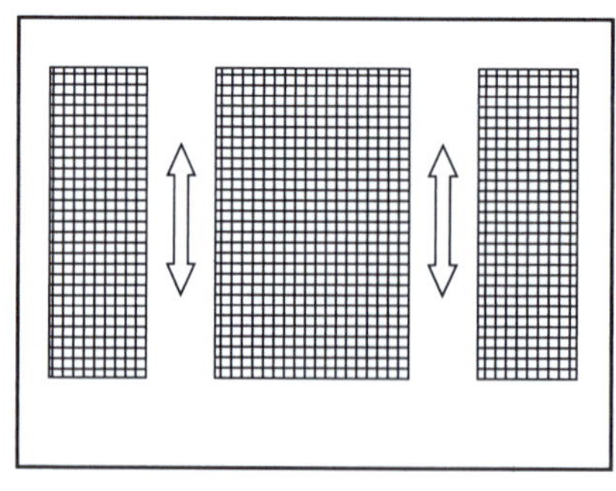

图 3–3　货位纵列式布局

纵横式货位既有横向货位又有纵向货位，根据实际情况分别编码，然后根据统一标准按顺序先后再进行编码调整，如图 3-4 所示。

图 3-4　货位纵横式布局

倾斜式货位即货位倾斜摆放，根据需要横向编码和纵向编码均可采用，如图 3-5 所示。

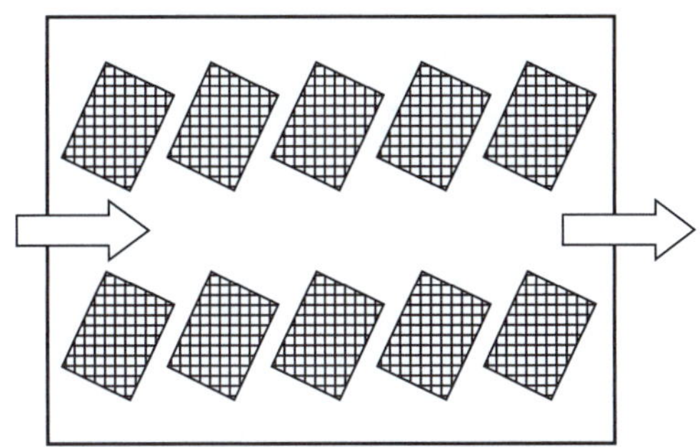

图 3-5　货位倾斜式布局

三、绘制物资货位图

为了清楚地了解货架货位的分布情况以方便查找，需要绘制相对应的物资货位图（见图 3-6）。

品名	编号	库区号	货架号	货架层、列号

图 3-6　物资货位图

任务评价

请教师根据学生的实际学习情况和任务完成效果进行全面、客观的评价。

学习任务	货架货位规划		
项目	评价内容	配分	得分
知识技能	明确货架编码的工作内容及要求	15	
	能对货架货位进行合理的规划	15	
	掌握货架货位编码方法	15	
	能够绘制物资货位图	15	
职业素养	严格遵守仓库的规章制度和工作规范	10	
	严格履行岗位职责，做到收发有据	10	
	工作态度认真、细致、严谨	10	
	工作有条理	10	
任务评价		合计得分	

项目四
货物验收与入库上架管理

在电子商务仓储管理中，货物验收与入库上架成为至关重要的环节。这一流程涵盖了依据入库凭证点收数量，按质量标准检查货物质量、规格及等级，并在验收后高效完成货物上架，确保库存管理的精准与高效。

通过本项目的学习，我们将了解货物验收的基本要求和工作流程，同时掌握检验货物的抽样与质量鉴定方法，懂得异常情况的处理等。此外，我们还会学习货物入库需要办理的手续、堆码的原则和操作流程，以及货物上架的基本原则和流程等，最终在确保账实相符的前提下，顺利完成货物验收与入库上架作业。

学习任务 1　货物验收

任务目标

- **知识目标**

1. 了解货物验收的基本要求和工作流程。
2. 掌握货物的抽样方法和质量鉴定方法。

- **技能目标**

1. 能够规范完成货物的入库验收。
2. 能够根据货物特性选择正确的抽样方法和质量鉴定方法。

相关知识

货物验收是指在货物正式入库之前，由验收人员（质检员）根据合同、入库凭证或标准规定的要求，对到库货物的品名、数量、规格、包装、质量等方面进行检查验收。货物验收是仓储管理工作的重要一环，只有验收合格的货物才能最终入库上架。

一、货物验收的基本要求

由于货物验收工作是一项技术要求高、组织严密的工作，关系到整个仓储业务能否顺利进行，必须做到及时、准确、严格、经济。

1. 及时

到库货物必须在规定的期限内完成验收工作。这是因为货物虽然到库，但未经验收的货物还没有入账。此外，货物的托收承付和索赔都有一定的期限，如果验收发现货物不符合约定要求，应在规定的期限内提出退换货或赔偿等请求。若超过规定期限，供方或责任方将不再承担相应责任。因此，及时完成验收工作对于保障供应链的顺畅和高效至关重要。

2. 准确

验收工作应以货物入库凭证为依据，准确查验货物的实际数量和质量状况，并以相关凭单准确反映，做到账实相符。这需要验收人员具备丰富的专业知识，能够准确识别货物的质量问题，并及时进行处理。

3. 严格

由于验收工作的质量直接关系到企业的利益，以及后续各项仓储业务的顺利开展，因此仓库领导应高度重视验收工作，验收人员也应以高度负责的态度来对待此项工作，明确每批货物验收的要求和方法，并严格按照仓库验收入库的业务操作程序进行操作。只有严格遵守相关规定和程序，才能确保验收工作的准确性。

4. 经济

在验收过程中，为了确保经济性，应密切关注各工种间的协作，合理组织人员和设备，以节省作业费用。此外，尽可能保护原包装，减少或避免破坏性试验，这也是提高作业经济性的有效手段。验收人员需要具备全局观念，在保证质量的前提下，合理安排各项作业流程，以实现经济效益的最大化。

二、货物验收的工作流程

货物验收包括验收准备、核对资料和验收实物三个作业环节。

1. 验收准备

仓库接到到货通知后，应根据入库货物的性质和数量提前做好验收的准备工作。验收准备的工作内容见表 4–1。

表 4–1　验收准备的工作内容

验收准备	工作内容
人员准备	安排好负责质量验收的技术人员，以及配合验收的装卸搬运人员
资料准备	收集并熟悉待检货物的有关文件，如技术标准、入库合同、特殊验收要求等
器具准备	准备好验收用的检验工具，如衡器、量具等，并校验准确以备使用
货位准备	确定验收入库时的存放货位，并计算和准备相关的堆码苫垫材料
设备准备	大批量货物的数量验收要有装卸搬运机械的配合，因此要做好设备的申请调用
其他准备	对于某些特殊商品的验收，如有毒有害品、腐蚀品、放射品等，还要准备相应的防护用品

2. 核对资料

（1）核对入库通知单和入库合同副本，这是仓库接收商品的凭证。

（2）核对供货企业提供的材质证明书、装箱单、磅码单、发货明细表等。

（3）核对货物承运企业提供的运单。若在货物入库前发现残损情况，还要有承运部门提供的货运记录或普通记录，作为向责任方交涉的依据。

核对资料也就是将上述资料加以整理并全面核对。在核对时，仓库管理人员要先对上述资料记录内容进行核实，然后再根据这些资料上所示的内容对货物进行逐项核对，即进行证证核对、物证核对，相符后才可验收实物。

3. 验收实物

验收实物就是根据入库凭证和有关技术资料，对实物进行数量和质量检验。验收实物的主要内容及方式如图 4–1 所示。

（1）数量检验

数量检验是保证货物数量准确的重要步骤，通常在质量检验之前，由仓库管理人员执行。按货物性质和包装情况，数量检验可以分为三种形式，具体见表 4–2。

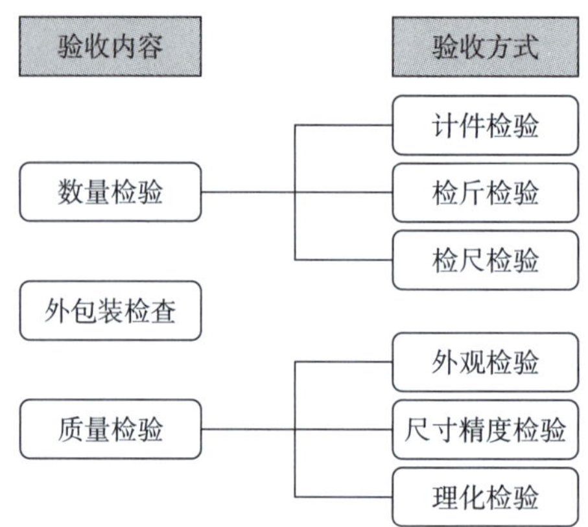

图 4-1　验收实物的内容及方式

表 4-2　数量检验的形式

类型	内容	备注
计件	按计件入库或以件数为计量单位的货物，验收时必须清点件数	国内货物只检查外包装，不拆包检查；进口货物按合同或惯例处理
检斤	按重量入库或以重量为计量单位的货物，验收时必须称重	金属材料、某些化工产品大多是检斤验收。所有检斤的货物，都应该填写磅码单
检尺	以体积为计量单位的货物，验收时先检验尺寸，再求体积	木材、砂石等一般采取检尺验收。凡是经过检尺求积检验的商品，都应该填写磅码单

（2）外包装检查

凡是合同对包装有具体规定的，要严格按规定验收，对包装的干湿程度、破损情况、是否被污染、是否有潮霉等均要进行检查，一般采用查看、触摸等方法。

（3）质量检验

质量检验包括外观检验、尺寸精度检验和理化检验三种形式。仓库一般只做外观检验和尺寸精度检验；理化检验（即物理化学检验）如果有必要，则由仓库技术管理部门取样，委托专门检验机构进行检验。

三、货物验收的方式

仓库中货物验收的方式分为全检和抽检。

1. 全检

全检即全数检验，在进行数量和外观验收时一般要求全检。在进行质量验收时，当货物批量小、规格复杂、包装不整齐或要求严格验收时，可以采用全检。全检需要大量的人力、物力和时间，但是可以保证验收的质量。

2. 抽检

抽检即抽样检验，是指按照事先确定的抽样方案，从被检批中抽取少量样品，组成样本，再对样本逐一进行测试，将测试结果与标准或合同进行比较，最后根据样本质量状况统计推断受检货物整体质量合格与否。在货物批量大、规格和包装整齐、供货企业的信誉较高或验收条件有限的情况下，通常采用抽检的方式。

货物的抽检方法有很多种，常用的有三种：①简单随机抽样，即在同一批同类货物中不加挑选地抽取若干作为样品；②分层随机抽样，即将一批同类货物划分成若干部分，然后从每部分中随机抽取若干样品；③分段随机抽样，即先随机抽取几个小部分（大包装），然后再从抽取的每个小部分中随机抽取若干货物（小包装），最后将抽出的货物合并为样品。

在选择抽检方法时，通常需要综合考虑货物的性质、特点、价值、生产技术条件、供货企业信誉、包装情况、运输方式和运输工具、当地气候条件、储存时间等因素，从而选择合适的方法，并确定一定的验收比例，以便合理完成验收工作。

四、货物质量鉴定方法

货物质量鉴定的基本方法有感官鉴定法、理化鉴定法和生物鉴定法三大类，不同的鉴定方法适用于不同的情况，具体见表 4–3。

表 4–3　货物质量鉴定方法

鉴定方法	具体方法	具体操作
感官鉴定法	视觉鉴定法	通过眼睛观察，评价货物的色泽、结构、整齐度、光洁度、新鲜度、表面疵点、包装、标签等是否符合标准要求
	嗅觉鉴定法	通过鼻子闻嗅货物是否具有其固有的气味（或无味），从而评价货物质量是否正常
	味觉鉴定法	通过品尝食品的滋味、风味来评价食品质量的优劣
	触觉鉴定法	根据鉴定对象的不同，通常采用按、拉、捏、揉、摸、折、弯等方式感觉货物的质地是否合格
	听觉鉴定法	通过耳朵辨别货物在外力触动下产生的声音的音质来判断货物的质量
理化鉴定法	物理鉴定法	根据物理学原理，利用各种仪器或机械设备，通过对货物的物理性质及机械性质的鉴定，来确定货物的质量
	化学分析法	根据货物试样对加入的化学试剂所产生的化学反应，来确定货物化学成分的种类及含量
	仪器分析法	以物质的物理或化学性质为基础，采用比较复杂的或特殊的设备来确定货物的化学组成及含量

续表

鉴定方法	具体方法	具体操作
生物鉴定法	微生物鉴定法	采用相应仪器设备鉴定食品、动植物及其制品以及包装容器中是否存在微生物，并确定微生物的种类及数量

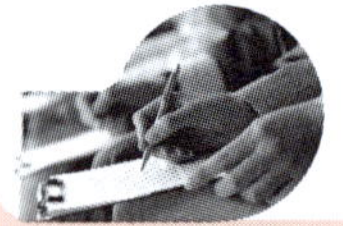

阅读与思考

2015年8月12日，位于天津市滨海新区天津港的瑞海公司危险品仓库发生火灾，随后引发两次剧烈爆炸，事故造成165人遇难、8人失踪、798人受伤，已核定的直接经济损失达68.66亿元人民币，并造成周边空气、水和土壤等环境不同程度的污染。

经查，瑞海公司危险品仓库运抵区南侧集装箱内的硝化棉，由于湿润剂散失而出现局部干燥，在高温（天气）等因素的作用下加速分解放热，积热自燃，引起相邻集装箱内的硝化棉和其他危险化学品长时间大面积燃烧，导致堆放于运抵区的硝酸铵等危险化学品发生爆炸。该公司在未取得立项备案、规划许可、消防设计审核、安全评价审批、环境影响评价审批、施工许可等必需的手续情况下，在普通仓储区域违法违规自行开工建设危险货物堆场改造项目，且边建设边无证违法经营。该公司于2014年1月12日至4月15日、2014年10月17日至2015年6月22日共11个月的时间里，既没有批复，也没有许可证，违法从事港口危险货物仓储经营业务；同时违规存放硝酸铵，对入库的货物不作检查，将不同类别的危险货物混存，而且间距严重不足，违规超高堆码现象普遍，4层甚至5层的集装箱堆垛大量存在，最终造成了严重的人员伤亡和经济损失。

危化品是重大危险源，必须严格进行质量检查和管理，按规定办事，绝不能出任何问题，切实落实好防火防爆防丢失措施。

实战演练

货物验收是做好仓库管理工作的基础环节，也是一项技术要求高、组织严密的工作，关系到整个仓储业务能否顺利进行。近日，仓库管理员小李将一批文具的“入库通知单”交给质检员小唐，要求小唐严格遵循货物验收步骤，依据“入库通知单”做

好验收前的准备，验收时仔细核查入库凭证，做好证证核对和物证核对，采用正确的方法高效、经济地完成实物验收。

一、提前做好验收前准备工作

根据“入库通知单”（见表 4–4）上的货物类型与数量，质检员小唐仔细确认货物的类型和数量，并提前做好验收前的准备工作，包括人员准备、资料准备、器具准备、货位准备、设备准备等，并对检验前的准备工作进行逐一确认，为后续检验工作的顺利开展打好基础。

表 4–4　入库通知单

入库通知单

送货企业：　　　　　　　　　　　　　　　　　　　　年　　月　　日

编号	名称	规格	型号	单位	应收数量	实收数量	单价	金额									备注
								百	十	万	千	百	十	元	角	分	
1																	
2																	
3																	
4																	
5																	
6																	
7																	
8																	

第一联：仓库留存

会计：　　　　仓库主管：　　　　仓管：　　　　经手：　　　　采购：

二、进行数量和外包装验收

质检员小唐对这批文具的数量和外包装进行全检。进行数量验收时，必须注意同供货方采取相同的计量方法。采取何种方式计量要在验收记录中作记录，出库时也要采取同样的计量方法，避免出现误差。凡是经过检尺求积检验的货物、检斤的货物，都应该填写“磅码单”（见表 4–5）。

表 4-5　磅码单

磅码单

供货企业______________　　　　　　　　品　　名______________
合同编号______________　　　　　　　　型号规格______________

单位：kg

序号	重量	序号	重量	序号	重量
1		6		11	
2		7		12	
3		8		13	
4		9		14	
5		10		15	
重量合计：					

三、抽取样本

质检员小唐对这批文具按照抽样比例抽取样本。对于质量验收适用抽检的货物，抽检比例应首先以合同为准，合同没有约定的，按照货物的特性和惯例确定。

四、进行质量鉴定

质检员小唐采用感官鉴定法对这批文具进行质量鉴定。检验鉴定的目的是确保入库货物质量符合标准要求，因此检验人员要根据鉴定对象的属性和特征，选择切实可行的鉴定方法，以确保鉴定结果的科学性和有效性。

任务评价

请教师根据学生的实际学习情况和任务完成效果进行全面、客观的评价。

学习任务	货物验收		
项目	评价内容	配分	得分
知识技能	能够理解抽样原则，选择合适的抽样方法	20	
	能够掌握鉴定原则，选择合适的鉴定方法	20	
	能够严格按照货物检验的工作流程实施检验	20	

续表

项目	评价内容	配分	得分
职业素养	态度积极主动	10	
	协调沟通能力、团队意识良好	10	
	能够发现问题，并提出解决方法	10	
	严格遵守仓库的规章制度和工作规范	10	
任务评价		合计得分	

学习任务 2　货物验收异常处理

任务目标

● 知识目标

1. 了解货物验收异常的情况。
2. 掌握货物验收异常情况的处理方法。

● 技能目标

1. 能够正确处理货物验收异常。
2. 能够规范填写验收单据。

相关知识

到达仓库的货物来源复杂，涉及生产、采购、运输等多个环节，不可避免地会出现各种问题，如证件不齐、数量短缺、质量不符等。实际工作中如果对这些异常情况不及时处理，容易给仓库管理工作带来很大的风险，因此需要认真对待此项工作。

一、货物验收异常的确认处理

验收过程中发现问题等待处理的货物，都要单独存放、妥善保管，同时相关人员要对货物的异常情况进行确认处理。

1. 证件不全的确认处理

证件未到或不齐的货物，应及时向供货企业索取，到库货物应作为待检货物堆放在待检区，待证件到齐后再进行验收。证件未到之前，货物不能验收入库，更不能发料。

2. 有单无货的确认处理

有单无货是指有关单据已到库，但在规定时间内货物未到。此时，应及时向供货单位反映，以便查询并跟进处理。

3. 证证不符的确认处理

仓库管理人员在对入库通知单与订货合同、供货商单证、承运人单证等证件进行核对时，若发现关联单证之间信息不相符，应将货物放在待处理区，通知采购部门或相关企业，然后根据他们提出的办法进行处理。

4. 质量不符的确认处理

质量不符合规定的货物，应及时向供货企业办理退换货，或征得供货企业同意后代为修理，或在不影响使用的前提下联系人处理。货物规格不符或错发时，应先将规格对的入库，规格不对的做成验收记录并交给主管部门办理换货。

5. 数量不符的确认处理

如果货物数量短缺且在规定范围内，可按原数入账；如果货物数量短缺超过规定范围，应进行查对核实，并做成验收记录交给主管部门，由主管部门与供货企业进行交涉。如果货物实际数量大于原定发货量，可由主管部门向供货企业退回多发货量或补发货款。如果属于承运部门造成的货物数量缺失，应凭接运提货时索取的货运记录向承运部门索赔。

6. 金额不符的确认处理

遇到金额不符的情况，多收部分应该拒付，少收部分经过检查核实后，应主动联系，及时补交。

二、验收单据的填制

货物验收结束后，对于验收异常的货物，验收人员填写“入库货物异常报告单”（见表 4-6）、“退货单”（见表 4-7），以确认验收情况；对于验收合格的货物，验收人员填写“入库验收单”（见表 4-8），并由验收人员和送货人员在相关单证（送货单）上签字，以确认检验工作的结果，明确双方责任，签字后接收货物及文件。

表 4-6　入库货物异常报告单

编号：　　　　　　　　　　　　　　　　　　　　报告日期：

货物名称	规格	数量	异常情况

续表

货物名称	规格	数量	异常情况

送货人：　　　　　　　　　　　　　　验收人：

表 4-7　退货单

厂商：　　　　　　　　　　　　　　日期：

货物名称	规格	数量	备注（退货理由）

仓库主管：　　　　　　　　　　　　　　填表人：

表 4-8　入库验收单

厂商名称：　　　　日期：　　年　　月　　日　　　　编号：

送货单编号	品名 / 规格	单位	交货数量	入库数量	检验结果	备注

主管签名：　　　　　　　　　　　　　　验收人：

三、验收异常原因分析

货物验收是仓库管理中的重要步骤。处理好验收过程中出现的异常后，还要对异常原因进行分析。

常见的验收异常有以下四种：送货件数差异、箱唛问题、装箱差异和质量问题。通过分析验收异常类型，统计验收异常数据，能够对仓库内部流程进行优化，对供应商等级进行评估，从而在仓库的库存管理上减少货损、丢货、少货现象的发生，降低企业物流风险。

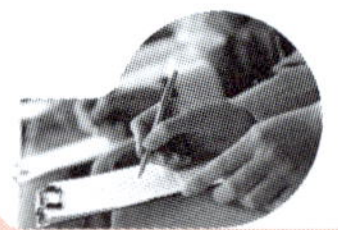

阅读与思考

由于入库货物的来源复杂、运输条件上存在差异、包装质量不等，导致货物在供货时及供货途中会产生种种复杂变化，并对其数量和质量产生一定的影响。因此，作为仓库管理员应该严格遵守仓库验收制度和货物验收流程，对货物进行严格细致的验收，处理好验收的异常问题，以避免不合格货物的积压，减少经济损失。同时，验收记录是仓储提出退货、换货、索赔的依据。

验收过程中任何粗枝大叶、麻痹疏忽、不负责任，都会给将来的工作造成不应有的混乱和损失。

实战演练

在货物验收过程中难免发现异常，遇到异常要及时处理，防止问题货物进入仓库或投入使用而为企业带来不必要的损失。质检员小唐在检验过程中发现了两处异常情况：一是碳素墨开箱抽检时发现有明显的沉淀与板结现象，二是圆规多出 1 000 套。根据实际验收情况，质检员小唐需要进行验收异常的确认处理，并对处理结果出具书面材料，如实填写相关单据，明确责任，为事后处理提供依据。

一、进行验收异常的确认处理

对于验收异常的货物，质检员小唐根据异常情况，及时采取恰当的处理方法，将验收中发现异常问题的货物做待处理，单独存放。

二、填写相关单据

根据异常情况，质检员小唐要如实填写“入库货物异常报告单”“退货单”等，并在单据上做出详细说明，签字确认。注意各单据填写要与异常处理操作一致，同时各单据的数据也必须保持一致。例如异常处理时，将规格不符合要求的货物办理换货，将规格符合要求的货物进行入库，那么“退货单”要按照实际数量填写；如果整批退

货，则退货数量就是送货数量。验收工作结束后，质检员小唐应根据实际验收情况正确填写“入库验收单”并签字，留存仓库备案。

三、验收异常统计分析

验收工作结束后，质检员小唐进行验收异常类型分析，统计验收异常数据，分析仓库内部流程并进行优化，对供货单位等级进行评估，为库存管理改进提供依据，降低企业物流风险。

任务评价

请教师根据学生的实际学习情况和任务完成效果进行全面、客观的评价。

学习任务	货物验收异常处理		
项目	评价内容	配分	得分
知识技能	掌握货物验收异常的不同情况	20	
	掌握货物验收异常问题的处理方法	20	
	能够规范填制验收单据	20	
职业素养	态度积极主动	10	
	有效沟通，提出合理建议	10	
	严格履行岗位职责，做到实事求是	10	
	有服务意识	10	
任务评价		合计得分	

学习任务 3　货物入库上架

任务目标

知识目标

1. 了解货物入库手续。
2. 了解堆码的定义和作用。
3. 掌握货物堆码的原则和操作流程。
4. 掌握货物上架的基本原则和流程。

技能目标

1. 能够为入库货物分配货位。
2. 能够办理入库手续。
3. 能够根据货物特点合理选择堆码方式，并按要求进行货物堆码。
4. 能够正确进行货物的上架。

相关知识

经过货物验收作业后，要对符合要求的货物进行入库上架，这是入库作业的最后一个环节。入库上架操作的精细程度直接关系到货物的安全以及发货效率。

一、货物入库手续

依据仓库“物资货位图”为入库货物分配合理的存放位置（货位）后，对符合合同要求的货物办理入库手续，包括根据货物的实际检验及入库情况填写入库单、对货物进行账目登记、设立货卡等工作，同时整理资料，建立货物档案。

1. 入库单

入库单是仓库统一设置的记录入库货物的单证，通常一式三联（也有一式四联的）：第一联为存根联，留存保管备查；第二联为记账联，留会计部门作为入库材料核算依据；第三联为保管联，作为入库材料登记明细账的依据。

仓库管理员需要根据验收的结果，据实填写货物入库单。入库单的内容应完整、清晰，字迹应清晰可辨。此外，每日工作结束后，管理人员应整理入库单的存根联，确保归档的准确性。尽管不同企业的入库单格式可能有所不同，但基本的要素如货物名称、规格、送货数量、实收数量等都是必需的。

2. 明细账

作为仓库管理员，根据入库单为入库货物建立台账（明细账）是其一项重要的职责。明细账能够动态地反映货物入库、出库、结存等详细情况，以便记录库存货物的动态和出入库过程。

为了确保明细账的准确性和完整性，登记时应遵循以下规则：

（1）登账必须以正式合法的凭证为依据，如货物入库单和出库单、领料单等。这些凭证是记录出入库过程的关键证据，必须妥善保存。

（2）登记明细账时应使用蓝、黑色墨水笔，以确保账目的清晰度和持久性。

（3）记账应保持连续性和完整性，按照日期顺序登账，不能隔行、跳页，账页应

依次编号。年末结存后应将旧账页转入新账，并将旧账页妥善保存。在书写记账数字时，应占空格的三分之二空间，以便在需要时更改错误。

（4）在记账时，如果发现记账有错误，而其所依据的记账凭证没有错误，即纯属记账时文字或数字的笔误，应采用划线更正（又称红线更正）的方法进行更正。更正的方法如下：①将错误的文字或数字划一条红色横线注销，但必须使原有字迹仍可辨认，以备查找；②在划线的上方用蓝色字或黑色字将正确的文字或数字填写在同一行的上方位置，并由更正人员在更正处盖章，以明确责任。

3. 货卡

货卡是用于指引，将货物迅速放入正确货位的工具。货卡通常填写货物名称、规格、数量或出入状态等内容。在货物上架作业中，货卡应插放在货架上或摆放在货垛正面的明显位置，以便明确标识货位上的编号及货物。货卡无标准格式，各仓库可按需设计制作。

4. 货物档案

为了管理技术资料，并给用货企业提供材质证明参考，入库货物必须建立货物档案。货物档案包括入库通知单、送货单、验收单、入库单等相应单证、各种技术资料以及保管期间的操作记录和发货单等的原件或复印件。建立货物档案要求做到：

（1）一物一档，即将同一种货物的各种材料用档案袋存放在一起。

（2）货物档案应统一编号，并在档案上注明编号、名称和供货厂家，同时在保管实物明细账上注明档案号，以便查阅。

（3）货物档案应由专人妥善保管，并存放在专用的柜子里。

二、仓库中货物堆码的定义、作用及原则

货物堆码是指根据货物的特性、形状、重量及包装质量等因素，结合仓库储存条件，将货物堆码成一定的货垛。科学合理的堆码不仅对货物具有一定的保护作用，还能提高仓库的空间利用率，实现装卸机械化，提高装卸效率。

因此，在进行堆码时应遵循以下原则：

1. 分类存放

分类存放是仓库储存规划的基本要求，也是保证货物质量的重要手段。具体包含：不同品类的货物分类存放，不同规格、不同批次的货物分类存放，合格货物与残次品、赠品分开，不同企业经营的货物也进行分类存放。

2. 选择适当的搬运活性，摆放整齐

搬运活性是指货物装卸搬运的难易程度。根据货物作业的要求，结合货物的特性，

合理选择货物的搬运活性，便于货物的装卸与搬运，提高仓库的周转速度。

3. 合理堆垛，保持稳固

为了充分提高仓库的利用率，存放的货物要选择合适的堆垛方式，并且进行加固。垛形必须适合货物的性能特点，不同品种、型号、规格、牌号、等级、批次、产地、单价的货物均应分开堆垛，以便保管，并要合理地确定堆垛之间的距离和走道宽度，以便装卸、搬运和检查。

货物堆码时要确保"五距"，即墙距、柱距、顶距、灯距和垛距，如图 4-2 所示。堆码时，不能倚墙，不能靠柱，不能碰顶，不能贴灯，不能紧挨旁边的货垛，都必须留有一定的间距。货垛"五距"的确定要严格遵守《中华人民共和国消防法》《危险化学品安全管理条例》的要求，不得随意修改。垛与墙的间距（墙距）一般不小于 0.5 m，垛与室内柱的距离（柱距）一般不小于 0.3 m，垛与屋顶的距离（顶距）一般不小于 0.5 m，垛与灯的距离（灯距）一般不小于 0.5 m，货垛间距（垛距）一般为 0.5～0.8 m。此外，库内主要通道宽度一般为 2.5～4 m。

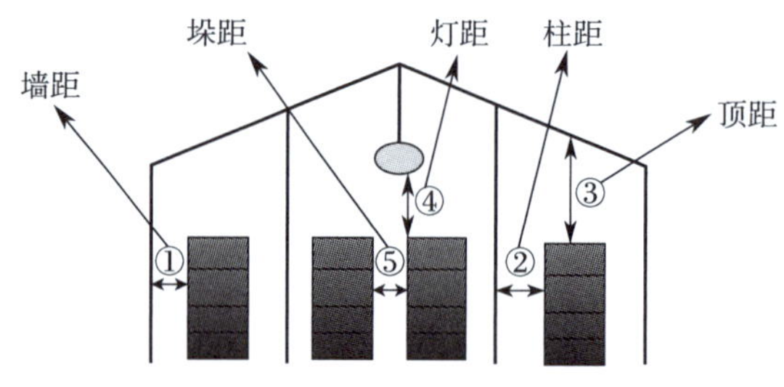

图 4-2 库房"五距"

阅读与思考

美国劳工部 2022 年的统计资料表明，仓储作业是在全美物流行业中事故发生率最高的领域。快速移动的叉车载运重负荷货物，并在狭小的区域操作，很容易引起事故的不断发生。这些事故往往容易导致人员永久致残或更为恶劣的结果。

在仓库进行作业时，要注意仓库的安全问题，消除任何安全隐患，以保证人员及货物的安全。

三、堆码的操作流程

1. 做好堆码前的准备工作

货物堆垛前，必须先做好准备工作。

（1）按货物的数量、体积、重量和形状，计算货垛的占地面积、垛高，并计划好垛形。对于箱装、规格整齐划一的货物，占地面积可参考下列公式计算：

占地面积 =（总件数 / 可堆层数）× 每件货物底面积

可堆层数 = 地坪单位面积负荷量 / 单位面积重量

单位面积重量 = 每件货物毛重 / 该件货物的底面积

在计算占地面积，确定垛高时，必须注意上层货物的重量不超过底层货物或其容器可负担的压力。整个货垛的压力不超过地坪的容许载荷量。

例：现有 840 台加湿器要储存在 2 号库，单台加湿器外形尺寸为 60 cm × 60 cm × 60 cm，外包装上堆码极限标志为 6，请问需要为该批货物准备多少平方米的货位？

解：S=（总件数 / 可堆层数）× 每件货物底面积 =［（840/6）×（0.6 × 0.6）］m^2= 50.4 m^2

（2）做好机械、人力、材料准备。垛底应该打扫干净，放上必备的垫墩、垫木等垫垛材料。如果需要密封货垛，还要准备密封货垛的材料等。

2. 选择货物堆码方式

根据货物的特性，如货物的品种、性质、包装、体积、重量等，同时考虑仓库储存的具体要求，选择合适的堆码方式。普通货物的堆码方式一般有散堆方式、货堆方式、成组堆码方式和垛堆方式四种。

（1）散堆方式

散堆方式是指将无包装的散货在库场上堆成货堆的存放方式。散堆方式特别适用于大宗散货，如煤炭、矿石、散粮和散化肥等，也适用于库内少量存放的谷物、碎料等散装物品。这种堆码方式简捷，便于采用现代化的大型机械设备，节省包装费用，提高仓容的利用率，降低运费，是目前库场堆存的一种趋势。

（2）货堆方式

货堆方式是采用通用货架或者专用货架进行货物堆码的方式，适用于存放小件货物或不宜堆高的货物。通过货架能够提高仓库的利用率，减少货物的存取差错。

（3）成组堆码方式

成组堆码方式是指采用成组工具（如托盘、集装箱、吸塑等）将货物组成一组，使其堆存单元扩大，从而可以用装卸机械成组搬运、装卸、堆码。成组堆码一般每垛

3～4层，这种方式可以提高仓库利用率，实现货物的安全搬运和堆存，提高作业效率，加快货物流转速度。

常见的托盘堆码方法见表4–9。

表4–9　常见的托盘堆码方法

堆码方法	操作方式	优点	缺点	图例
重叠式堆码	各层码放方式相同，上下对应	工人操作速度快，包装货物的四个角和边重叠垂直，承载能力大	各层之间缺少咬合作用，容易发生塌垛。在货物底面积较大的情况下，采用这种方式会具有足够的稳定性，如果再配合运用相应的紧固方式，则不但能保持稳定，还可以保留装卸操作省力的优点	
纵横交错式堆码	相邻两层货物的摆放呈旋转90°状，即一层横向放置，另一层纵向放置	每层间有一定的咬合效果	咬合强度不高	
正反交错式堆码	堆码的同一层中，不同列的货物成90°角垂直码放；在相邻两层中，其货物码放形式是一层为另一层旋转180°的形式，这种方式类似于建筑上的砌砖方式	不同层间咬合强度较高，相邻层之间不重缝，因而码放后稳定性较强	操作较为麻烦，且包装体之间不是垂直面相互承受载荷，所以下层货物容易被压坏	
旋转交错式堆码	同一层相邻的两个包装体互成90°角，相邻两层之间又码放成180°角	相邻两层之间互相咬合交叉，货体的稳定性较强，不易塌垛	码放的难度较大，且中间形成空穴，会降低托盘的利用率	

（4）垛堆方式

垛堆方式是指对有包装的货物（如箱、桶、袋、箩筐、捆、扎等）或长、大件货物进行堆码的方式。常见的普通货物垛堆方式见表4–10。

表 4-10　常见的普通货物垛堆方式

垛堆方式	操作方式	优点	缺点	适用情况	图例
重叠式堆码	逐件、逐层向上重叠堆码，一件压一件地堆码。各层堆码方式相同，上下对应，层与层之间不交错堆码	操作简单，便于计数，包装物四个角和边重叠垂直，承压能力大	层与层之间缺少接口，稳定性差，容易发生塌垛	适用于袋装、箱装、箩筐装货物以及平板、片式货物等，且适合较大底面积货物的自动堆垛操作	
纵横交错式堆码	每层货物的排列方向都与下一层垂直，一层横向放置，另一层纵向放置，逐渐向上堆放	操作相对简单，层次之间有一定的咬合度，稳定性比重叠式好	咬合强度小，稳定性差	适用于管材、捆装、长箱装等货物的堆码	
仰俯相间式堆码	将货物仰放一层再俯放一层，采用仰俯相向相扣的方式堆垛	货垛较为稳定	操作不便	适用于上下两面有大小差别或凹凸不平的货物，如槽钢、钢轨等	
压缝式堆码	将底层货物并列摆放，上层货物包装压在下层两件货物缝上	操作方便，稳固性好	不便于计算货物	适用于尺寸固定的货物和袋装货物，如面粉、砂糖等颗粒状或粉末状的轻质货物	
通风式堆码	货物在堆码时，任意两件相邻的货物之间都留有空隙，以便通风，层与层之间采用压缝式或者纵横交错式的方法堆码	具有通风防潮、散湿散热的作用	占用面积大，不适合易碎或怕潮的货物，不适用于食品加工领域	适用于所有箱装、桶装以及裸装货物的堆码	
栽柱式堆码	在码放货物前，首先在堆垛两侧栽上木桩或者铁棒，然后将货物平码在桩柱之间，码放几层后用铁丝将相对两边的柱拴连，再向上摆放货物	货垛牢固，不易倒垛	操作复杂	适用于棒材、管材等长条状货物，如圆钢、中空钢等	

续表

垛堆方式	操作方式	优点	缺点	适用情况	图例
衬垫式堆码	在码垛时，需要隔层或隔几层铺放衬垫物，确保衬垫物平整牢靠后再向上码放货物。衬垫物需视货物的形状而定	可以有效保护货物，避免货物碰撞和损坏	承载能力相对较低，堆码成本较高，堆码效率较低	适用于形状不规则且较重的货物，如无包装电机、水泵等	
“五五化”堆码	以五为基本计量单位，堆码成各种总数为五的倍数的货垛，即大的货物堆码成五五成方，小的货物堆码成五五成包，长的货物堆码成五五成行，短的货物堆码成五五成堆，带眼的货物堆码成五五成串	清点方便，不易出现差错，收发快、效率高	仅适用于具有一定规格标准的货物，空间利用率不高	适用于按件计量的货物	

3. 码放货物

根据选择的货物堆码方式，按要求对货物进行堆码。货物堆码的时候，要注意：品种、场地和单价不同的货物应该分开堆码；按照先远后近的原则堆码；堆码的货物层数不能超过堆码层数的限制；货垛应该按照一定的规格和尺寸叠放，排列整齐、规范。

4. 检查堆码效果

堆码完成后要进行检查，确保符合要求。

四、货物上架的原则及基本流程

货物上架作业是进货入库的最后一个环节，也是入库作业的核心步骤，需要把准备上架的货物搬运到储存区域，按照上架原则，采取合适的方法将货物存放在指定的货位。

1. 货物上架的原则

（1）面向通道

为了方便货物在库内移动、存取，需将货物面向通道存放。

（2）先进先出

大部分货物都有保质期和有效期，企业必须避免将快要过期的货物发给客户的情况发生。这就要求在补货的时候一定要不厌其烦地把没出完的货物移到外面来，把新到的货物放到里面去，保证先入库的商品先出库，同时及时处理即将过期的货物。

（3）重量对应

重货存放在货架底层，轻货存放于货架上层，便于分拣。

（4）周转频率对应

货物依据收发货的不同频率，来确定其存放位置。周转频率高的存放于货架下层，周转频率低的存放于货架上层，便于搬运和提高物流效率。

（5）明确标识

分区、货架、货位应清楚标识，方便作业人员寻找货物位置，提高作业效率。

2. 货物上架的基本流程

（1）货物搬运

在货物准备上架前，仓库工作人员要根据货位信息将货物搬运至指定货架区。应按照库位件数要求准备货物，必要时可拆箱。

（2）货物核对

认真核对库位信息和货物信息，将货物条码朝上放置，方便已经实现自动化管理的仓库通过 RF（射频）终端设备扫描货物条码，根据 RF 终端设备所提示的信息进行货物的核对。

（3）货物入货位

根据预先分配好的货位确定具体的上架位置，将货物放入系统扫入的正确货位，完成入库上架作业。另外，如果上架后出现货物多出或者数量不足时，要及时查明原因，并更正库存。

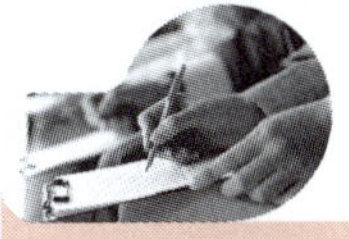

知识拓展

入库的最后一个环节是上架。仓库工作人员提前给待入库的货物分配库位，然后再由上架员将货物上架到指定库位。通常货物有两种上架方式，分别是普通上架和容器上架。

普通上架与容器上架的区别简单地说就是货物的单件上架和批量上架。

普通上架的基本流程如下：

普通上架→PDA（掌上电脑）扫描商品条码→PDA扫描库位条码→上架货物→PDA提交上架

容器上架的基本流程如下：

容器上架→PDA扫描容器条码→PDA扫描库位条码→上架货物→PDA提交上架

从容器上架的流程来看，上架时只是在容器与库位之间建立了对应关系，并没有在货物与库位之间建立对应关系，以后如何通过货物条码查找库位？或者如何通过库位条码查询该库位的货物？

其实，货物、容器、库位三者之间是互相关联的关系：

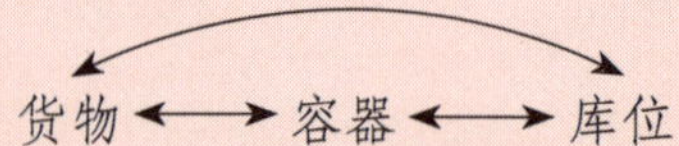

容器与库位之间对应关系的建立间接地建立了货物与库位之间的关系，而在收货时货物与容器已经建立了对应关系，因此容器上架的货物可通过库位直接查询。

完成上架后，货物的入库流程基本走完。

实战演练

对符合入库上架要求的货物进行入库上架，是进货入库的最后一个环节，其作业质量直接关系到后续保管、补货、盘点工作的顺利进行。

文具货物经过检验后，仓库管理员小李根据“入库验收单”上的检验结果，开始对符合合同要求的文具进行入库上架作业。货物入库上架时仓库管理员小李需遵循以下步骤，为待入库文具合理分配存放位置（货位），办理入库相关手续，然后将货物安全准确地移进货位。

一、办理货物入库手续

仓库管理员小李要根据仓库“物资货位图”所规划好的货架货位及分布情况，为入库的文具分配合理的存放位置；然后填写“货位分配表”（见表4–11）、“入库单”（见表4–12）、“出入库明细账”（见表4–13）、“仓库货位标识牌”（见表4–14），在填写的过程中要做到实事求是、账实相符，填写完成后还要仔细核对检查，确保无误；并根据一物一档的原则将货物相关资料（原件或复印件）归集入档。

表 4-11　货位分配表

货物名称	分配的货区	分配的货架货位编码

表 4-12　入库单

入库单编号：

送货企业：　　入库时间：　　年　月　日　　储存位置：

货物编号	货物名称	规格	单位	送货数量	实收数量	备注

第三联：保管联

会计：　　收货人：　　送货人：　　制单人：

注：本单一式三联，第一联为存根联，第二联为记账联，第三联为保管联。

表 4-13　出入库明细账

时间	货物名称	规格	单位	入库数量	出库数量	储存位置	备注

表 4-14　仓库货位标识牌

库		架		层		位	
电子编号							
货物名称							
规格型号							
计量单位				计划单价			
储备定额		最高			最低		
备注							

二、合理选择堆码方式

通过综合分析，仓库管理员小李认为 M5467 笔袋是整箱出入库的，为了有利于商品库内管理，需要对该批货物进行成组堆码。M5467 笔袋包装箱尺寸为 415 m×315 m×250 mm，托盘尺寸为 1 200 m×1 000 m×160 mm，分析后仓库管理员小李选择最合理的正反交错式堆码方式。

三、正确进行堆码或上架

仓库管理员小李根据选择的成组堆码方式堆码后，按照要求对托盘货物进行上架，在操作过程中应注意货物及人员安全。在上架前，小李需要仔细阅读“仓库货位标识牌”上的信息，对货物的品名、数量、规格等信息进行核对。对于实现无线实时自动化管理的仓库，可通过 RF 终端设备扫描粘贴在货物上的条码，根据 RF 终端设备所提示的信息进行货物核对。完成上架后，实现无线实时自动化管理的仓库用 RF 终端设备扫描货位条码确认完成入库。

任务评价

请教师根据学生的实际学习情况和任务完成效果进行全面、客观的评价。

学习任务	货物入库上架		
项目	评价内容	配分	得分
知识技能	能够为入库货物分配货位	20	
	能够选择货物堆码方式	20	
	能够正确进行货物的堆码及上架	20	

续表

项目	评价内容	配分	得分
职业素养	态度积极主动	10	
	协调沟通能力、团队意识良好	10	
	严格履行岗位职责，做到实事求是	10	
	爱岗敬业	10	
任务评价		合计得分	

项目五 在库货物盘点与损耗管理

货物在库管理中，盘点与损耗管理工作至关重要。仓储物流过程中，货物损耗一直是个棘手的问题，它不仅直接给企业带来经济损失，还间接损害企业声誉和客户信任。鉴于此，企业必须积极采取一系列有效措施来控制仓储物流中的货物损耗。

通过本项目的学习，我们将掌握仓库盘点与整理的概念，熟知盘点与整理的操作流程，做好盘点前的各项准备工作；在盘点过程中能够按要求对货物进行清点，认真填写盘点的各种资料；在盘点后能够把盘点结果与账面数量信息进行核对，对存在的差异进行分析，并对相应数据做出调整。

学习任务 1　仓库盘点与整理

任务目标

- **知识目标**

1. 掌握仓库盘点与整理的概念。
2. 掌握仓库盘点与整理的操作流程。
3. 了解仓库盘点与整理的注意事项。

- **技能目标**

1. 能够准确进行货物盘点。
2. 能够根据实际盘点情况对数据做出妥善调整。

相关知识

货物不断进出库，其库存信息与实际数量很容易产生不相符的情况。此外，某些货物因存放不当或存放过久，品质可能受到影响，不能满足客户的需求。为了对货物进行有效管理，企业需要对仓库不断进行盘点与整理，使其经济效益最大化。

一、仓库盘点与整理的概念

仓库盘点管理是指对仓库中储存的货物和资产进行检查和核对，以确保其数量和状况与文档记录相符，及时发现并纠正差错和避免损失。仓库盘点管理是仓库管理的重要环节，可以有效降低库存成本，提高资产管理水平，确保仓库运营的安全和高效。

1. 盘点

盘点是指定期或临时对库存货物的实际数量进行清查、清点的作业，即对仓库现有货物的实际数量与保管账上记录的数量进行核对，检查有无残缺和质量问题，以便准确地掌握货物保管数量，进而核对金额。

2. 整理

整理是指做出要与不要的决定。明确区分要与不要，将要的留下来，不要的清除掉。实施整理的目的是节省空间，防止误发误用，防止积压变质，只管理需要的货物，以提高管理质量和管理效率。

二、仓库盘点管理的重要性

1. 确保库存的准确性和透明性

仓库盘点管理可以对库存进行系统全面的检查和核对，能够确保库存的准确性和透明性。通过仓库盘点管理，可以更好地了解库存情况，对库存货物的数量和状态进行评估和分析，以便为运营决策提供有力的支持。

2. 发现并纠正差错，降低损失

仓库盘点管理可以及时发现差错，并及时纠正以降低损失。例如，针对库存记录不准确、资产损毁、误采、误发等问题，及时纠正错误，可以有效降低损失。

3. 提高资产管理水平

仓库盘点管理可以提高资产管理水平。通过仓库盘点管理，可以及时调整资产状态、提高资产利用率、优化资产配置，确保资产的高效利用和保值增值。

三、仓库盘点与整理的操作流程

1. 盘点与整理前的准备工作

盘点与整理前，应对盘点与整理区域进行规划，梳理各类资产的情况，并制订详细的盘点与整理计划。对盘点与整理人员进行培训和分工，并配备必要的工具和保障措施，以确保盘点与整理工作顺利进行。

2. 盘点与整理过程

盘点与整理过程中，需要依据盘点与整理计划，进行逐一核对和清点每一种资产的数量和状态。在盘点与整理过程中需要对可能出现的异常情况及时进行记录和处理，确保资产管理和运营的安全和稳定。

3. 盘点与整理后处理

盘点与整理结束后，需要对盘点与整理结果进行统计和分析，并对盘点与整理过程中发现的问题进行整改，实现盘点管理的闭环，以便后续资产和仓库管理的持续优化。

四、仓库盘点与整理的注意事项

1. 认真制订盘点与整理计划

认真梳理盘点与整理的范围和内容，制订盘点与整理计划，确保盘点与整理顺利进行。盘点与整理计划包括盘点与整理的人员、盘点与整理的工具和方法、盘点与整理的时间和周期、盘点与整理结果的分析和处理等。

2. 落实盘点与整理人员责任

为了确保仓库管理的严谨性和资产安全，必须明确并落实盘点与整理人员的具体责任与职责。盘点与整理作为仓库管理的核心环节，应确保相关人员有充足的时间和配备适用的工具进行盘点与整理工作。同时，要求盘点与整理人员秉持认真负责的工作态度，严格遵循操作规程。

3. 及时发现问题

盘点与整理过程中应随时记录问题，并及时处理。早发现、早处理是对盘点管理的最好支持和保障。

实战演练

仓库管理员小艾所在的仓储企业接到 A 贸易企业通知，要求对其储存在 1 号库内

的日用品类、食品类和家电类货物进行全面盘点。对此，小艾根据实际情况做好货物盘前准备、初盘与复盘、货物核对等工作。仓库盘点常用盘点机作为盘点工具。

一、盘前准备

仓库管理员小艾对库存相同的货物进行归类，对物料卡进行整理，同时准备“盘点表”（见表 5–1）、“盘点清册”（见表 5–2）及“盘点盈亏表”（见表 5–3）。

表 5–1　盘点表

日期		备注
盘点单号码		
货物编号		
存放位置		
数量		
盘点人		
盘点单号码		
货物编号		
存放位置		
数量		
复点人		
核对人		

表 5–2　盘点清册

编号：　　　　　　　　　　　　　　　　　　盘点时间：

序号	盘点票号	货物编号	品名	规格	单位	初盘数量	复盘数量	确认数量	备注

表 5-3　盘点盈亏表

编号：　　　　　　　　　　　　　　　　　　　　　　盘点时间：

序号	盘点票号	货物编号	品名	规格	单位	实盘数量	账面数量	差异数量	差异原因

总经理		财务部主管		仓储部主管		制表人	

1. 确定盘点时间

仓储企业将盘点时间定在两天后，时间为一天，并将此时间通知给 A 贸易企业，要求他们在盘点期间不要送货或提货。

2. 确定盘点方法

盘点的方法定为现货盘点，分日用品区、食品区和家电区三个小组进行。每个小组各负责一个区域，小组由三人组成，第一人负责初盘，第二人负责复盘，第三人负责核对。分工完成后，由经验丰富的仓储主管对盘点人员进行相应的培训。

二、货物初盘与复盘

1. 初盘

每组先由第一人清点所负责区域的货物，并将清点结果填入各货物的“盘点表”上半部分（见表 5-4 的上半部分）。在清点过程中，要分别清点货物的件数，查验货物的尺寸、重量、表面状况等，还要挑出外表状况不良、怀疑内部有损坏的货物，将其单独存放。

表 5-4　盘点表

日期	2023 年 9 月 23 日	备注
盘点单号码	7539004511	
货物编号	6253768979	
存放位置	C124	

续表

数量	7 台	
盘点人	胡 ××	
日期	2023 年 9 月 23 日	备注
盘点单号码	7539004511	
货物编号	6253768979	
存放位置	C124	
数量	7 台	
复点人	余 ××	
核对人	何 ××	

2. 复盘

初盘结束后由第二人复盘，填入“盘点表”的下半部分（见表 5-4 的下半部分）。如果出现复盘数量与初盘数量不一致的情况，两人要再次进行清点，以确定最终数量。初盘与复盘结果一致后，分别将“盘点表”和“盘点清册”签字后交财务部门。

三、货物核对

将“盘点清册”上的记录与账面记录进行核对，确认两者无误。

任务评价

请教师根据学生的实际学习情况和任务完成效果进行全面、客观的评价。

学习任务	仓库盘点与整理		
项目	评价内容	配分	得分
知识技能	掌握货物盘前准备	20	
	掌握货物初盘与复盘	20	
	掌握货物盘后整理	20	
职业素养	具备信息搜集和处理能力	10	
	具备一定的团队合作和沟通能力	10	
	工作态度细致、认真、严谨	10	
	具备一定的创新能力	10	
任务评价		合计得分	

学习任务 2　仓库盘点差异处理

任务目标

- 知识目标

1. 了解盘点数据统计的概念和作用。
2. 理解仓库盘点差异处理。

- 技能目标

1. 能够对盘点盈亏的常见原因做出分析。
2. 能够根据实际盘点情况编制盘点盈亏表等。

相关知识

盘点结果与账面库存结果之间的差异主要有三种，数量差异、存放位置差异及存货质量差异。盘点的目的是发现差异，并消除差异。消除差异的办法，与差异类型以及发生差异的原因紧密相关。

一、盘点数据统计

盘点数据统计是仓储企业进行库存盘点时所统计、分析和总结的数据报告，是仓储企业管理库存、规范库存管理和升级供应链管理的一个重要基础。

二、仓库盘点差异处理

1. 盘盈处理

盘盈是指实际库存多于记录数量的情况。如果发现盘盈情况，应及时采取措施进行处理。首先，需要对盘点结果进行核对和确认，确保盘点数据的准确性。其次，应该调查盘盈的原因，可能是记录错误、仓库操作问题等原因导致的。最后，在找到原因后，需要及时调整库存，更新记录，并采取相应措施避免类似情况再次发生。

2. 盘亏处理

盘亏是指实际库存少于记录数量的情况。在发现盘亏后，应先核对盘点数据，确保差异的准确性。然后，需要进一步调查盘亏的原因，可能是出库未记账、破损处理

未记账等原因导致的。最后，根据盘亏的情况，可以采取补货、调整业务流程等方式进行处理，同时要加强仓库的安全管理，避免类似事件再次发生。

（1）出库未记账造成的盘亏

如果是正常出库超发，则要找到原始出库单，修改出库单的出库数量。如果是未做出库单，则要及时补充订单数据。如无法追溯处理，则只能实亏。

（2）破损处理未记账造成的盘亏

破损处理未记账主要是日常管理中发现货物存在质量问题，相关人员做了实物处理，但未及时做账务处理，导致实际数与账面数不符。变质、损毁等原因造成货物的直接废弃，但没有做损毁品出库账务处理的，要补做系统的报损处理；货物本身的质量问题造成的残损，可以做退货出库处理，将废弃的货物退给供货企业。

在处理盘点差异时，企业需要建立相关的规章制度，明确责任人和处理流程，以确保差异的及时处理和追踪，从而确保企业库存管理的准确性和规范性。

货物盘点与差异处理是企业仓库管理不可或缺的环节。通过准确盘点和及时处理盘点差异，企业能够提高仓库管理的效率和准确性，降低风险和损失，并为客户提供更好的服务。因此，企业应该高度重视货物盘点与差异处理工作，保持良好的库存管理水平。

阅读与思考

在盘点管理的过程中，存在一个常见的误区：当盘点出现盘盈时，往往被视为无关紧要；然而一旦发生盘亏，就必须立即处理。这种现象导致部分仓库管理员倾向于对客户隐瞒盘盈的结果，甚至将多余的货物私自占用。无论是故意隐瞒盘盈情况，还是贪图私利侵占客户财物，这些行为若反复出现终将难以掩盖。为了避免这种情况的发生，我们必须强调良好思想道德品质的培养，并将其融入日常的工作习惯中。

实战演练

仓库管理员小艾在对 1 号库内的日用品类、食品类和家电类货物进行全面盘点之后，实际盘点数量与账面数量出现差异。对此，小艾根据实际情况对盘点盈亏原因进行分析；同时，编制盘点盈亏表。

一、分析盘点盈亏原因

仓库管理员小艾开始查找原因，通过检查盘点记录、检查计量工具、询问盘点人员、复核库存账目，发现差异产生的原因是出库时未做出库单。

二、编制盘点盈亏表

查找到差异产生的原因后，仓库管理员小艾填写了“盘点盈亏表”（见表 5–5），并将此表交给上级主管部门，等待批复。

表 5–5　盘点盈亏表

编号：4352671　　　　盘点时间：2024 年 2 月 23 日

序号	盘点票号	货物编号	品名	规格	单位	实盘数量	账面数量	差异数量	差异原因
1	7539004511	6253768979	格力空调	2 匹	台	7	8	1	出库未做出库单
总经理		财务部主管		仓储部主管		制表人			

任务评价

请教师根据学生的实际学习情况和任务完成效果进行全面、客观的评价。

学习任务	仓库盘点差异处理		
项目	评价内容	配分	得分
知识技能	掌握盘点数据统计的概念和作用	20	
	掌握盘点盈亏原因分析	20	
	掌握盘点盈亏表的编制	20	
职业素养	具备信息搜集和处理能力	10	
	具备一定的团队合作和沟通能力	10	
	工作态度细致、认真、严谨	10	
	具备一定的创新能力	10	
任务评价		合计得分	

学习任务 3　货物损耗管理

任务目标

知识目标

1. 了解货物损耗管理的重要性。
2. 掌握货物损耗产生的原因以及可采取的措施。

技能目标

1. 能够找出货物损耗产生的原因并对其进行分析。
2. 能够根据实际情况为货物制定相应的养护办法。

相关知识

仓库货物损耗是企业在物流运作中常常面临的一个问题，货物损耗不仅会给企业带来直接的经济损失，还会影响企业的声誉和客户对企业的信任。物流货物损耗控制对于保障库存货物的完整性和减少经济损失具有重要意义。

一、货物损耗的分类

1. 外部因素导致的损耗

外部因素包括自然灾害、交通事故、盗窃等。

2. 内部因素导致的损耗

内部因素包括操作不当、仓储环境不佳、设备故障等。

二、货物损耗产生的原因

1. 自然损耗

自然损耗是指由于货物本身的性质，如易腐烂、挥发、升华等导致的损耗。此类损耗无法完全避免，但可以通过恰当的储存条件和及时的库存盘点来降低发生的概率。

2. 物料质量

有些货物可能在采购过程中存在问题，如质量不合格、规格不符等，导致无法正常使用，从而造成损耗。

3. 保管不当

仓库管理不善，如温度、湿度控制不当，防潮、防火措施不到位等，导致货物受潮、霉变、发生火灾等，从而产生损耗。

4. 运输损坏

在货物运输过程中，由于装卸不当或包装不牢固，导致货物损坏或泄漏，从而造成损耗。

5. 库存盘点不准确

库存盘点是仓库管理中的一项重要工作，如果盘点不准确，就会出现账实不符的情况，从而产生损耗。

三、损耗管理

1. 仓库管理

仓库管理是货物损耗控制的关键环节之一。在仓库中，货物的储存、统计和发放都需要严格管理。以下是仓库管理的一些注意事项：

（1）合理规划仓库结构

合理规划仓库的货架、堆放空间和货物存放位置，确保货物有序存放，方便管理和取货。

（2）定期盘点和清点

定期对仓库中的货物进行盘点和清点，确保货物数量准确无误，及时发现问题并采取措施。

（3）严格执行入库和出库程序

对于入库货物，要进行验收并登记入库，确保货物品质合格；对于出库货物，要核对并记录出库信息，防止货物遗漏。

（4）合理规划货物流转路径

设定货物流转的标准路径，防止货物在流转过程中丢失或损坏。

（5）优化仓储设施

投资高质量的仓储设施，如恒温恒湿仓库、防火防潮设备等，以改善货物的储存条件；同时，定期清理、检查和维护仓库设备，确保其正常运转；对于老旧或损坏的设备应及时更换，以确保仓库的正常运营。

2. 运输管理

仓储物流中的货物损耗往往与运输环节密切相关。以下是运输管理的一些措施：

（1）选择可靠的运输企业

选择有信誉、经验丰富的运输企业，确保货物在运输过程中得到妥善保护和处理。

（2）重视货物包装

选择适合货物的包装材料和方式，确保货物在运输过程中不易受损。

（3）维护和检查运输工具

定期对运输车辆或其他运输工具进行检查和维护，确保其运行状况良好，减少因运输工具故障导致的货物损耗。

（4）货物运输跟踪

通过现代物流技术，对货物运输过程进行跟踪和监控，及时发现问题并采取措施。

3. 人员管理

在仓储物流中，合理的人员管理是货物损耗控制的关键因素之一。以下是人员管理的一些注意事项：

（1）培训和教育

对仓库和运输人员进行相关培训，提高其工作技能和相关意识，使其能够正确处理货物并避免损耗。

（2）奖惩机制

建立健全的奖惩机制，激励员工认真履行职责，严禁员工盗窃、疏忽或滥用职权。

（3）监督和检查

通过监督和检查，确保员工按照规定操作，并能及时发现和纠正工作中的问题。

4. 技术支持

应用先进的技术手段是提高仓储物流货物损耗控制效率的有效途径。以下是技术支持的一些方法：

（1）物流管理系统

应用物流管理系统对仓储物流过程进行全面的信息化管理，实时掌握货物的位置、状态和数量。

（2）自动化设备

引入自动化设备，如物流输送线和机器人，减少人为因素导致的货物损耗。

（3）温湿度控制技术

对于温湿度敏感的货物，应采用相应的温度和湿度控制技术，保证货物的质量和安全。

（4）安防监控系统

安装安全监控设备，及时发现并处理货物丢失、损坏等问题。

通过综合运用上述仓储物流货物损耗控制的方法与技术，企业可以有效降低货物损耗，提高运营效率和客户满意度。尽管这些措施可能需要一定的成本和投入，但从长远来看，它们对于企业的可持续发展和竞争力提升具有重要意义。

知识拓展

近年来，随着电子商务的快速发展，物流运输成为各个行业发展中不可或缺的环节。然而，随之而来的问题便是货物在运输途中的损耗。

导致这类损耗的原因有以下几方面：第一，由于包装不当导致的损耗。在物流运输过程中，货物需要经过多次搬运和堆放，如果包装不牢固或者不符合运输标准，就容易造成产品损坏。第二，由于运输过程中的不当操作引起的损耗。例如，车辆运输过程中的颠簸、震动，以及不当的装卸操作都有可能对产品的完整性造成威胁。第三，由于物流运输环节的管理不到位导致的损耗。例如，缺乏对仓储和运输人员的培训和监督，以及对运输车辆的维护和检修不到位等，都会为企业带来损失。

为避免类似事件，企业应加大对员工的质量观念及法治观念教育，强化责任意识，并要求每位质量管理人员按标准、按规定、按要求准确操作，同时在此过程中要求每位员工相互监督。

实战演练

仓库管理员小艾分析 1 号库内货物盘点盈亏的原因，根据实际盘点情况编制盈亏表后，进一步对损耗进行检查并记录，根据实际情况对货物进行保管，以减少今后货物不必要的损失。

一、损耗检查

按照企业规定，仓库管理员小艾应该在每天晚上八点之前对仓库进行检查，了解和掌握货物在保管过程中的损耗情况，对货物状态、货物摆放等内容进行检查，检查完毕后填写“仓库检查记录表”（见表 5-6），有损耗的货物填写“损耗货物情况表”

（见表 5–7）。仓库管理员能够解决的问题，应及时解决；仓库管理员不能解决的问题，应及时通知仓库主管；仓库主管不能解决的问题，应向上级汇报。

表 5–6　仓库检查记录表

序号	内容	月　日	月　日	月　日	月　日	月　日	月　日	月　日
		星期一	星期二	星期三	星期四	星期五	星期六	星期日
1	货物状态							
2	货物摆放							
3	作业通道							
4	库房照明							
5	库房清洁							
6	标志内容							
检查人签字								

表 5–7　损耗货物情况表

序号	货物编号	货物名称	异常情况	货物数量	处理结果	质检员签字
1						
2						
3						
4						
检查人签字：				日期：		

二、货物养护

定期对仓库货物进行养护管理，并填写“仓库状况评估表”（见表 5–8）和“仓库周检表”（见表 5–9）。

表 5–8　仓库状况评估表

序号	确认项目	很好	好	一般	差	很差
		10 分	8 分	6 分	4 分	2 分
1	地面、墙面的灰尘、油污等是否除去					
2	有害气体、异味是否除去					
3	搬运设备上的污染源是否有处理措施					
4	地面是否平滑					

续表

序号	确认项目	很好	好	一般	差	很差
		10分	8分	6分	4分	2分
5	建筑物是否防风、雨、尘等					
6	是否有人在仓库进食、吸烟					
7	工作时是否把工作场所弄脏					

表 5-9　仓库周检表

种类	检查项目	检查结果	原因分析	维护措施	执行负责人	计划完成时间	检查意见
成品	卫生						
	害虫防治						
	堆码						
	残损						
工具设备	清洁工具						
	消防工具						
	温度计、湿度计						

仓库名：　　　　仓库主管：　　　　检查人：　　　　日期：　　年　　月　　日

任务评价

请教师根据学生的实际学习情况和任务完成效果进行全面、客观的评价。

学习任务	货物损耗管理		
项目	评价内容	配分	得分
知识技能	能够分析货物损耗原因	20	
	能够为货物制定相应的养护办法	20	
职业素养	具备信息搜集和处理能力	15	
	具备一定的团队合作和沟通能力	15	
	工作态度细致、认真、严谨	15	
	具备一定的创新能力	15	
任务评价		合计得分	

项目六
网店订单与货物配货出库管理

当客户在网店下单后，网店需根据客户下单的信息做好订单抓取与订单审核工作，明确客户订单中的货物名称、规格、数量、促销等信息，并根据客户订单的信息打印快递单与发货单。仓库依据发货单等拣货信息进行货物的分拣与校验，并做好出库准备。

通过本项目的学习，我们将了解网店订单审核的基本流程，掌握对网店订单进行审核、合并、拆分、驳回等操作，熟悉分拣配货、扫描出库的基本工作流程；熟悉网店后台订单导出操作，能审核客户订单信息及要求；了解网店常用打单软件，能打印快递单与发货单。

学习任务 1　订单审核与单据打印

任务目标

- 知识目标

1. 了解网店订单审核及单据打印的基本流程。
2. 掌握订单审核的具体内容。

- 技能目标

1. 能够根据订单信息，打印快递单和发货单。
2. 能够根据订单的实际情况，进行订单合并、拆分、驳回等操作。

相关知识

订单处理是网店配送工作中的核心业务，它是确保网店能够按客户要求配货送货的关键。通常情况下，由仓库的订单管理部门对客户的需求信息进行处理，从接收客户订单开始到着手准备拣货的过程中，主要包括订单接收、订单确认、存货查询、单据处理等内容。审单员审单时要特别注意订单颜色、备注、卖家留言、地址等内容。

一、订单审核的概念

订单审核是指客户下单后，审单员根据客户的下单信息，及时确认客户所需货物的名称、型号、规格、数量以及质量要求、交付期要求、参加促销活动等内容，以确保下单货物库存充足并能够按要求及时交付。审核时，对一些特殊的订单还需要进行合并、拆分或驳回的操作。

二、订单审核的具体内容

订单审核的具体内容及操作方法见表 6–1。

表 6–1　订单审核的具体内容及操作方法

序号	审核内容	操作方法
1	买家付款金额是否正确	通过对货物货号和数量以及一些促销活动等的核对，审核买家付款的金额是否正确
2	物流是否可达	对于一些偏远地区，一定要核对物流的情况，防止货物不能按客户要求送达
3	查看订单的备注信息	通过查看备注信息，了解客户在发货、快递等方面的需求，为客户提供更好的服务
4	是否要合并或拆分订单	根据实际情况判断是否需要对订单进行合并或拆分等特殊处理
5	查看是否有赠品赠送	促销活动中会涉及赠品、礼品等，要注意仓库发货时要一同发货，不能漏发

三、菜鸟系统电子面单的申请

随着电子商务平台和物流服务信息化的飞速发展，电子面单（也称运单）已成为物流服务商串联快递单、订单、商家、商品等各种信息的枢纽。电子面单具有节省人力成本、减少人工误差、减少面单损耗等优点。接下来以淘宝推出的菜鸟系统电子面单的申请为例，来介绍如何申请电子面单。

在淘宝卖家中心的“交易管理”—“物流工具”中进行服务商的设置，勾选拟申请电子面单的物流企业，点击“开通服务商”按钮后，再点击“开通电子面单”按钮，如图 6–1 所示。

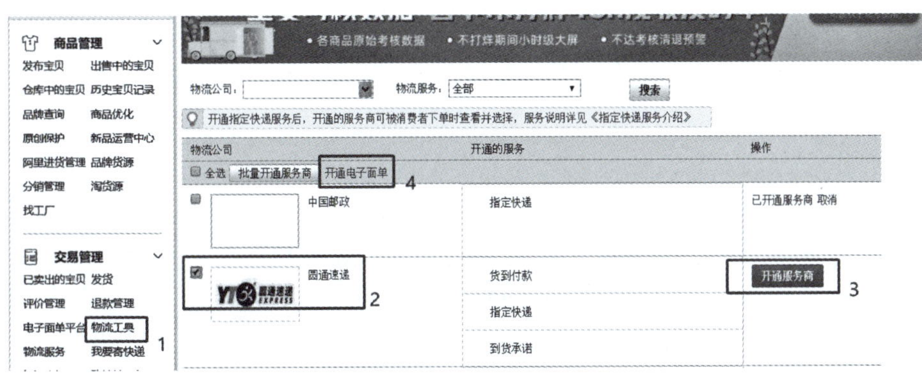

图 6–1　在淘宝卖家中心进行服务商设置，勾选快递企业

接着，完善信息，按要求添加至少一个网店的相关发货地址，如图 6–2 所示，将所有的信息填好后提交，等待申请面单的快递企业审核即可。

开通服务商
服务商：
选择发货地：请选择（与店铺发货软件中所设置的发货地址必须保持一致　管理我的发货地址
选择网点：请选择　请选择城市　请选择区 / 县
联系人：请填写联系人　请填写店铺的电子面单负责人
联系电话：手机号或固定号码　请务必填写准确，否则可能会导致审核失败
菜鸟调用电子面单服务协议

图 6–2　填写网店发货相关信息

实战演练

审单员小李每天上班的第一项工作任务就是对前一天晚上 17：00 到当天 8：30 之间客户在淘宝网店所下的订单进行审核。当前该网店后台的订单数据显示，有 100 份订单需要审核。小李认真审核了客户订单的商品名称、买家留言、收货地址、备注以及是否有赠品等信息。依据订单的特殊情况，对订单进行拆分、合并或驳回操作，审

核无误后，打印快递单和发货单，以便分拣员按单拣货配货、打包员按单打包发货。

一、订单批量导出

通过淘宝网店后台的操作可批量导出订单，生成订单编号。进入淘宝卖家中心的“交易管理”—“已卖出的宝贝”，按要求设置导出条件，如成交时间、订单状态等，然后点击“批量导出”按钮，即可生成订单列表，如图 6–3 所示。

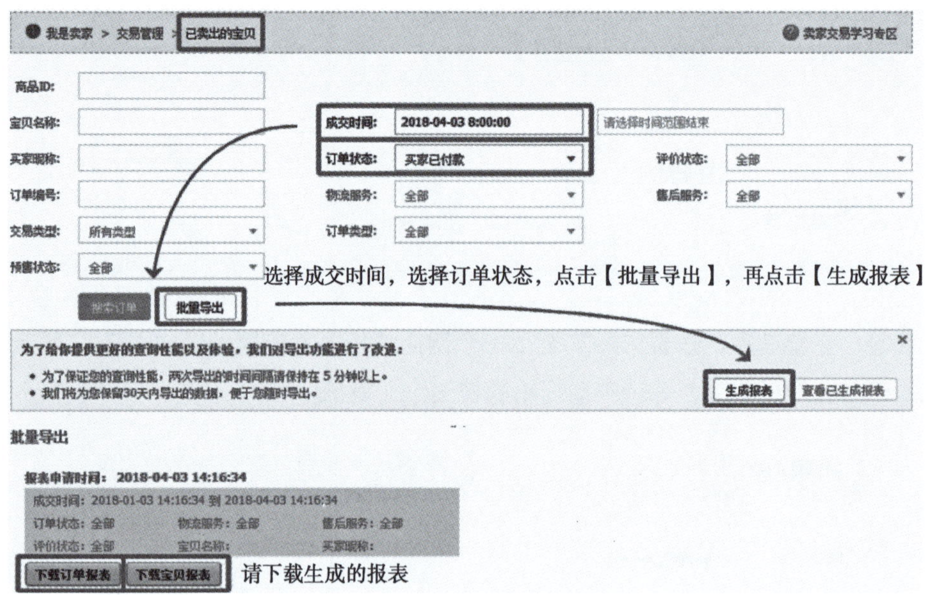

图 6–3　订单批量导出

二、订单审核

以“淘宝订单审核内容”（见表 6–2）为例，审单员对订单进行审核，以确认客户所需商品的名称、规格、数量、库存情况以及发货快递要求、备注需求、参加促销活动的情况等，只有审核无误的订单才能进入打印环节。

表 6–2　淘宝订单审核内容

序号	订单编号	订单合并、拆分、驳回操作	备注信息	买家留言	快递要求	促销活动
1						
2						
3						
4						

三、对特殊订单进行处理

1. 订单合并

如果客户要求与另外一个 ID 下单的订单邮寄到同一地址，则需要对订单进行合并。

订单合并的具体操作如下：

淘宝网店人员使用“网店管家”打单软件，搜索要合并的订单，选择“自动合并订单”选项，点击“确定”按钮，系统就会合并订单，如图 6–4 所示。

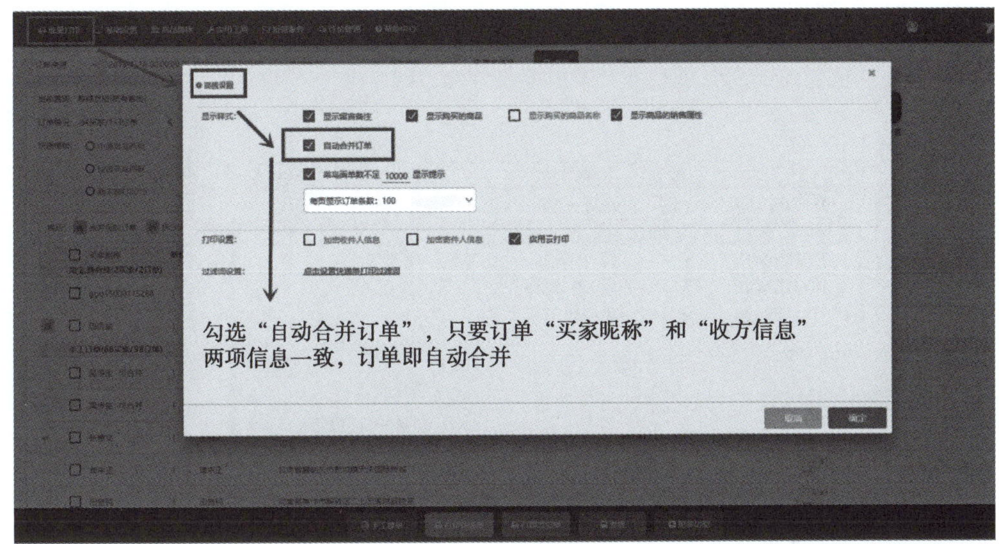

图 6–4　订单合并

2. 订单拆分

如果客户要求将一个交易订单（父订单）下的多个子订单发往不同的地址，那么就要把这个交易单对应生成多个物流单，这叫作订单拆分。

订单拆分的具体操作如下：

淘宝网店人员在“网店管家”打单软件的“订单审核”界面中选择需要被拆分的订单，输入拆分数量，单击“生成新订单”按钮，即可生成拆分后的订单，如图 6–5 所示。

3. 订单驳回

对于一些无法满足客户要求的订单，如仓库暂时缺货、特殊包装的要求、物流派送范围超出等情况，审单员要做订单的驳回处理，并及时把相关情况反馈给客服。

订单驳回的具体操作如下：

淘宝网店人员打开“网店管家”打单软件，在订单查询中找到该订单，在订单上右键单击，在弹出的菜单列表中点击“重新驳回到原始单”即可，如图 6–6 所示。

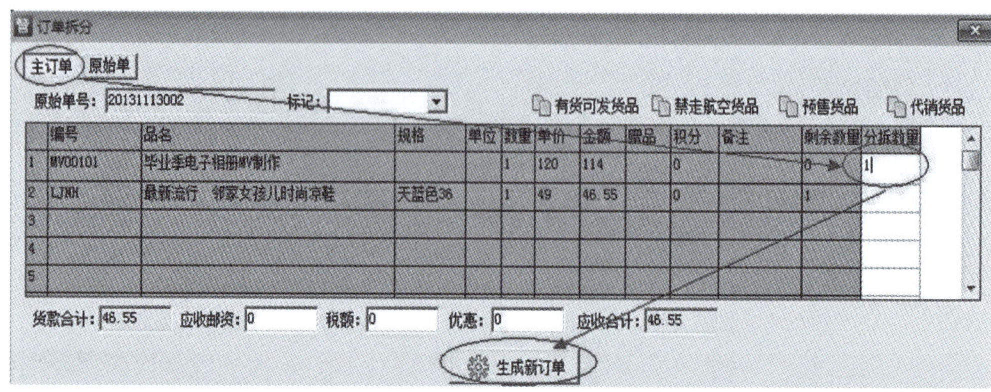

图 6-5 订单拆分

订单编号	处理天	客户网名	原始单号	收货人	货款
JY-1152495	0小时	真爱一生		元会	57
JY-1152494	0小时	真爱一生			9.5
JY-1152493	3天	灯火阑珊			9.5
JY-1152491	3天	最美的姑娘			57
JY-1152490	3天	爱你宝贝			9.5

选择
刷新 F5
全部
订单明细
物流查询
该客户关联订单
冻结订单
解冻订单
自动拆分为单品
重新驳回到原始单
预估包裹重量
预估邮资

图 6-6 订单驳回

四、打印快递单

客户订单审核即确认发货货物、发货地址等信息后，就可以使用打印软件打印快递单。快递单是网店店铺与快递企业之间的业务委托单据，用于确保店铺所发货物经快递企业准确送达客户手中。

1. 下载待发货订单

进入淘宝“我打”软件的“交易管理”界面，在“下载订单”功能中可完成订单的批量下载。下载时可通过“关键字过滤”和“时间过滤”对下载订单进行条件设置，如图 6-7 所示。

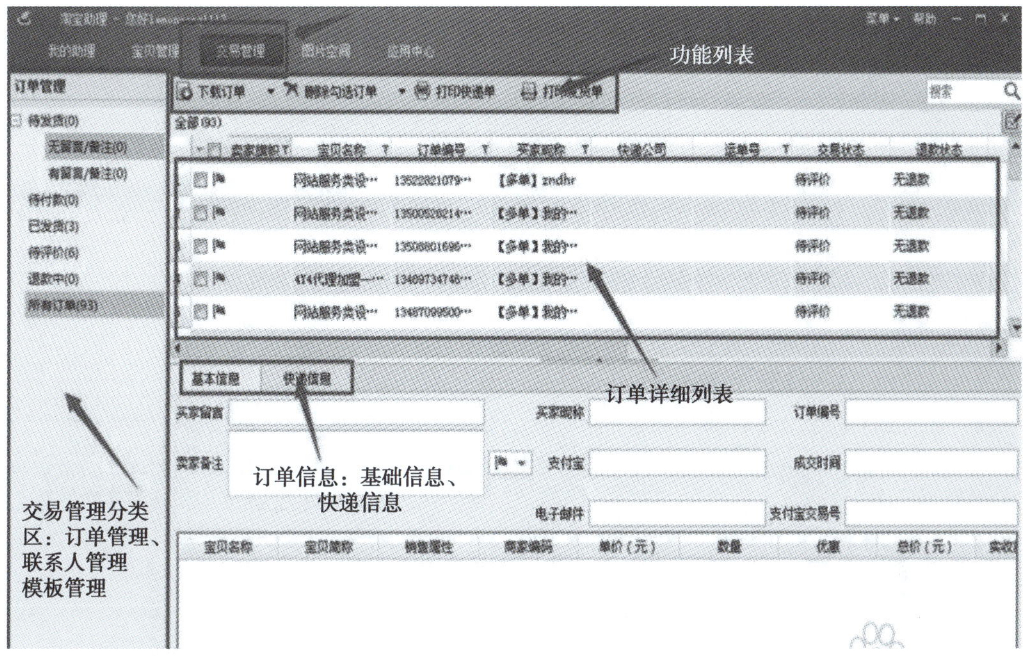

图 6-7　下载待发货订单

2. 选择快递单模板

在“我打”软件中，点击“设置”—“快递单模板”，进入“快递单模板”界面。在界面左侧的列表中选择所需的快递单模板，保存即可。EMS 快递单模板如图 6-8 所示。

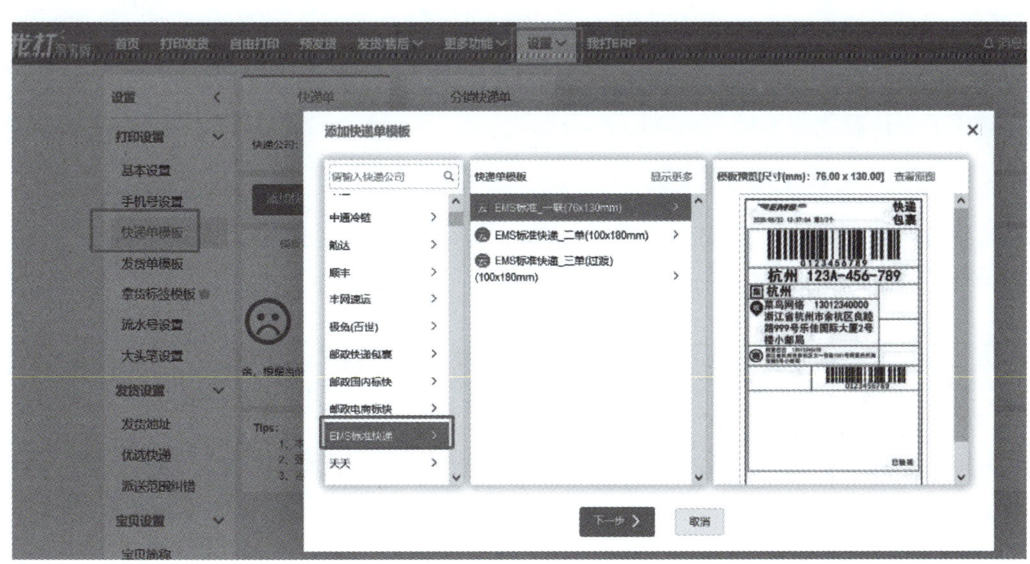

图 6-8　选择快递单模板

3. 打印快递单

在“我打”软件中筛选订单，选择快递单模板后，检查与买家留言是否相符，是否有赠送物品，确认无误后，即可打印快递单，如图 6-9 所示。

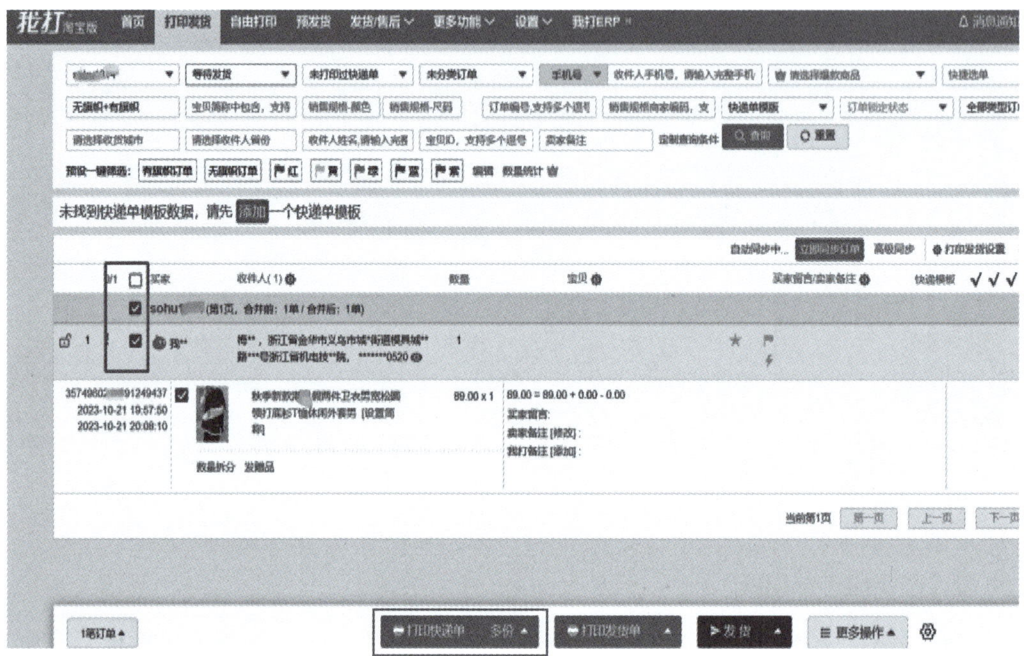

图 6-9　打印快递单

五、打印发货单

发货单是仓库内部流转的单据，发货单可告知仓库分拣员到指定的库位拣选不同规格、型号、数量的货物，并做好归类工作。除此之外，发货单在配货和货物扫描出库时用来确认配货和发货。

1. 筛选未打印发货单的订单

淘宝网店人员进入“我打”软件，选择“打印发货”，批量筛选需要打印但未打印过的发货单，如图 6-10 所示。

图 6-10　筛选未打印过发货单的订单

2. 选择发货单模板

淘宝网店人员在“我打”软件中，选择好发货单模板后，需要对发货单模板做一些信息修改，完成后即可打印，如图 6–11 所示。

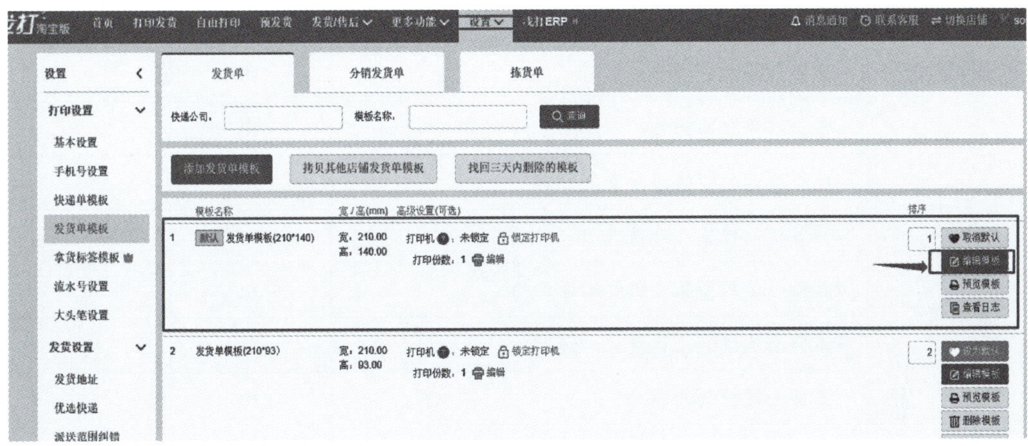

图 6–11　选择发货单模板

3. 打印发货单

淘宝网店人员在“我打”软件中，筛选需要打印发货单的订单，检查无误后，点击“打印发货单”按钮即可，如图 6–12 所示。

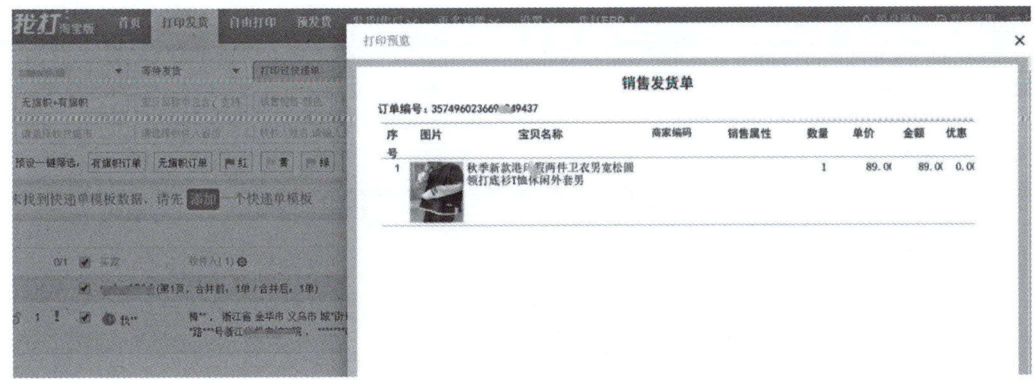

图 6–12　打印发货单

任务评价

请教师根据学生的实际学习情况和任务完成效果进行全面、客观的评价。

学习任务	订单审核与单据打印		
项目	评价内容	配分	得分
知识技能	掌握订单审核的基本操作	10	
	掌握订单合并操作	15	
	掌握订单拆分操作	15	
	掌握订单驳回操作	10	
	能够快速打印快递单和发货单	10	
职业素养	具备信息搜集和处理能力	10	
	具备一定的团队合作和沟通能力	10	
	工作态度细致、认真、严谨	10	
	具备一定的创新能力	10	
任务评价		合计得分	

学习任务 2　分拣货物

任务目标

知识目标

1. 掌握不同的拣货方式。
2. 理解影响分拣方式选择的因素，并能选择合适的分拣方式。

技能目标

1. 能够按照不同的方式进行货物的分拣。
2. 能够对分拣后的货物进行校验出库作业。

相关知识

分拣货物是指分拣员依据发货单、配货单，迅速、准确地将货物从其货位或其他货区拣取出来，并按一定的方式进行分类、集中的过程。在不同仓库、不同配货量或配货时间要求下，应选择不同的拣货方式。

一、分拣货物的技巧

1. 明确拣货信息的来源

当订单量较小时，可直接将客户订单生成发货单，并以此为依据进行拣货。当订单量较大时，可将货物相同或库位相近的订单汇总成一张拣货单（分单汇总单），针对这种情况，分拣员把货物拿到配货区后还需要依据客户订单进行二次分拣。

2. 拣货作业中需注意的事项

（1）仔细核对货位、货物名称与货物数量。杜绝拣错、少拣、多拣。

（2）牢记拣货车编号，核对拣货单箱号与拣货车箱号是否相符，避免放错。

（3）轻拿轻放，避免在拣货过程中损坏货物。

（4）严格按照先进先出的规则拣取货物。禁止将货位内的货物弄乱。

二、常用拣货方式

常用拣货方式的操作方式、优缺点及适用情况见表 6–3。

表 6–3　常用拣货方式的操作方式、优缺点及适用情况

拣货方式	操作方式	优点	缺点	适用情况
人工摘取式拣货	针对每一张订单，由分拣员完全采用人工方式，根据订单上的货物信息，到相应的存货位置将货物逐一挑出并集中	责任明确、操作简单、延迟时间短，拣货后不用再进行分类作业	当货物品类较多、拣货区域较大时，拣货行走路径较长，搬运困难，拣货效率降低	比较传统的拣货方式，适用于大数量订单的拣货处理
人工播种式拣货	把一定时间段内多张订单集合成一批，依照货物种类将货物数量汇总，全部由人工对货物进行拣选，然后再根据每张客户订单进行分货处理。该拣货方式实际上是按汇总单进行拣货	当订单数量庞大时，可提高工作效率，缩短拣货行走搬运距离，增加单位时间内的拣选数量	对单一订单无法进行处理，必须等订单累积到一定数量后才能进行统一处理，订单处理有一定的延迟	适用于订单较多的情况
DPS（电子标签摘取式系统）拣货	在拣货操作区中的所有货架上，为每一种货物安装一个电子标签，拣货操作时只需根据电子标签所显示的数量轻松完成拣货作业	拣选更加准确、快捷，降低了分拣员的劳动强度	货物品类较多时，拣货效率会降低	依靠电子标签系统，对每一份订单的货物逐一进行拣选

续表

拣货方式	操作方式	优点	缺点	适用情况
DAS（电子标签播种式系统）拣货	利用电子标签实现播种式分货出库，每一货位的电子标签显示该位置所需分货的数量，分拣员可根据这些信息进行快速分拣作业	当订单数量庞大时，可以显著提高工作效率，增加单位时间的拣选数量	由于DAS拣货是按照货物类型进行拣货的，所以DAS拣货完成后需要依据各份订单进行分货	依靠电子标签系统，根据电子标签系统提示信息拣选货物

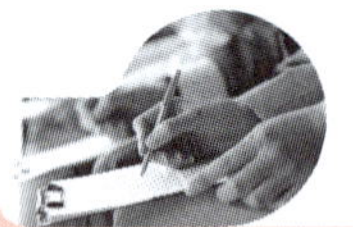

阅读与思考

每天拣货33.5万单，总里程达3 600多千米，这是京东西安生鲜仓普通分拣员张宝的日常。在这样高强度的工作状态下，他仍然以“零出错”严格要求自己，因此多次在“618”网购期间以绝对性优势夺得拣货第一名，并继续保持着“零出错”的分拣纪录。

平凡中方显伟大。在拣货作业过程中，仓库的分拣员需要仔细核对发货单、快递单等单据信息，这就要求其具备严谨细致的工作作风和敬业精神。

实战演练

近日，仓库的分拣员小王拿到发货单后，开始了分拣作业，具体的操作步骤如下：

一、查看拣货信息

在确保发货单与快递单信息一致的情况下才能进行拣货作业，接着查看发货单或配货单，明确所拣货物与库存情况。

二、选择拣货方式

根据仓库大小、配货量等具体情况选择拣货方式，规划不同的拣货路线，选择合适的运载工具。缩短行走与货物搬运的距离是提高配送作业效率的关键。

三、拣取货物并确认

拣取货物的过程可以由人工或自动设备完成。拣货一般分为两个动作：拣取与确认，即先抓取货物，然后确认所拣货物是否与拣货信息相同。

四、分类集中拣取的货物

把分拣好的货物按要求放在配货区，等待配货员按订单进行检验与配货作业。

任务评价

请教师根据学生的实际学习情况和任务完成效果进行全面、客观的评价。

学习任务	分拣货物		
项目	评价内容	配分	得分
知识技能	熟悉不同的分拣方式	15	
	能够按照拣货信息进行拣货	15	
	理解不同分拣方式的影响因素	15	
	能够依据企业的实际情况选择正确的分拣方式	15	
职业素养	严格遵守仓库的管理制度和工作规范	10	
	严格履行岗位职责，做到收发有据	10	
	工作态度认真、细致、严谨	10	
	工作有条理	10	
任务评价		合计得分	

学习任务 3　配货校验与货物出库

任务目标

- **知识目标**

1. 了解货物出库凭证。
2. 理解影响货物出库的因素，并能选择合适的出库方式。

- **技能目标**

1. 能够完成出库凭证真伪及关键要素的审核工作。
2. 能够对确认出库的货物进行复核作业。

配货校验与货物出库是指对完成拣取分类的货物进行校验后，按客户订单进行配货，并完成货物的出库。配货员应认真地按单配货并校验货物，因为一旦发生错误，就会存在退单、退款等问题，不仅影响店铺的服务信誉，还会增加企业的运营成本。

一、货物出库的要求

货物出库的要求主要是“三不、三核、五检查”。“三不”，即未接单据不翻账，未经审单不备库，未经复核不出库。“三核”，即在发货时，要核实凭证、核对账卡、核对实物。“五检查”，即对单据和实物要进行名称检查、规格检查、包装检查、件数检查和重复检查。

二、货物出库的方式

货物出库方式是指仓库用什么样的方式将货物交付客户。主要的货物出库方式见表 6-4，出库方式要根据具体条件由供需双方事先商定。

表 6-4　主要的货物出库方式

出库方式	说明
客户自提	客户派人或派车来仓储企业的库房提货
委托发货	自己去提货有困难的客户，会委托仓储企业找第三方物流企业提供送货服务
企业送货	仓储企业有自己的配送部门，派自己的货车给客户送货

三、常见的出库复核方式

常见的出库复核方式有个人复核、相互复核、专职复核和环环复核四种，详见表 6-5。

表 6-5　常见的出库复核方式

复核方式	具体内容	适用范围
个人复核	发货保管员自己发货、自己复核，并对所发货物的数量和质量负全部责任	适用于专业化程度高的仓库，或者储存品种比较单一、同一品种发货批量较大而人员编制较少的仓库
相互复核	两名发货保管员对对方所发货物进行照单复核，复核后在对方的出库单上签名，与对方共同承担责任	比个人复核更容易发现问题，适用于出库业务繁多和货物品种众多的仓库

续表

复核方式	具体内容	适用范围
专职复核	由仓库设置的专职复核人员进行复核，专职复核人员与仓库管理员共同对出库货物的数量、质量承担责任	有利于提高复核人员的工作效率，适用于出库量较大的综合性仓库
环环复核	发货过程的各环节，如查账、付货、检斤、开具出门证、出库验放、销账等，对所发货物进行反复核对	复杂，工序较多，但准确性高，适用于分工细致的大型现代化仓库

阅读与思考

在品质升级的消费时代，越来越多的年轻人追求有质感、敢较真的商品属性。在平台上购买的潮鞋、化妆品和数码产品，能被提前鉴别并保真成为越来越重要的诉求。某购物 App 有一套独特的模式——先鉴别，再发货。每件商品都要经过逐件收货、查验质检、拍照留档、多重鉴别、独立绑扣、复合查验、防伪包装、打包出库八个环节的品控服务链，商品在此过程中被核验质量并鉴定真伪，全部“通关”之后才能达到出库标准，并最终通过物流送到客户手上。

金杯银杯不如消费者的口碑，从生产到服务，再到商品的品质，企业都应该把提升品质、把控品质作为最核心的竞争力，只有这样才能长久立于不败之地。

实战演练

进行货物出库作业时，仓库的拣货配货员小张要根据业务部门或存货企业开具的货物出库凭证（提货单、货物调拨单等），按其所列货物的名称、规格、型号、数量等项目，组织货物出库，更新库存信息。具体的操作步骤如下：

一、核对单证

货物出库需要有正式的出库凭证，有关人员必须认真审核出库凭证，审核的具体内容包括：审核出库凭证的合法性和真实性；核对货物的名称、型号、规格、单价、数量和提货日期等有无错误；检查凭证有无涂改或污损，并对签章和提货人身份进行核对。审核无误后，才能组织货物出库，否则仓库应拒绝发货。

二、按单配货

审核凭证后，按凭证所列货物去相应货位取货。若货物有规定发货批次，则应按规定发货；若没有规定，配货时应遵循“先进先出、推陈储新”原则。配好的货物应放于相应的区域，等待出库。同时，出库货物应附有质量证明书、装箱单等附件，机电设备、仪器仪表等产品的说明书及合格证应随货同行。进出口货物还要附海关证明和货物检验报告等。注意，在配货过程中提货人员不得进入库房。

三、出库复核

为了保证出库货物的单货相符，不出差错，备货后应立即进行复核。复核的主要内容如下：

1. 货物的名称、规格、型号、数量等是否与出库凭证所列内容一致。

2. 货物的外观质量、包装是否完好、正确，是否便于装卸搬运作业。怕震货物的衬垫是否稳妥，怕潮货物的密封是否严密；收货人、到站、箱号、危险品或防震防潮等标志是否正确、清晰、明显。

3. 货物的配件（如机械设备等）是否齐全，货物所附证件、单据是否齐全等。如每件包装是否有装箱单，装箱单上所列各项目是否与实物、凭证等相符。

四、包装刷唛

包装的作用是为了使货物在运输过程中不受损坏。一般要根据货物的外形特点，选择合适的包装材料。包装尺寸要便于货物的装卸和搬运，符合货物运输的要求。严禁性能抵触、互相影响的货物混合包装。

刷唛是指在包装上标打各种标记。刷唛时要注意：

1. 刷唛应在货物外包装的两头，字迹清楚，不错不漏。

2. 复用旧包装时，必须刷除原有标志。

3. 如果粘贴标签，必须粘贴牢固。标签上一般要写明收货企业、到站、发货号、本批总件数、发货企业等。

五、清点交接后放行出库

1. 出库货物无论是客户自提，还是委托发货，仓库管理人员必须与提货人员或运输人员按出库凭证所列逐件当面点交清楚，明确责任。在企业送货方式下，由仓库管理人员与送货人员清点交接，再由送货人员与客户清点交接，最后由客户签字盖章。

2. 点交过程中对重要货物、特殊货物的运输要求、使用方法、运输注意事项等，仓库人员要向提货人、承运人讲解清楚，做好技术咨询等支持工作。

3. 货物点交后，在“出库单”（见表 6–6）上填写货物数量、出库日期、发货企

业等内容并签名，提货人、承运人必须在相关出库单证上签字，并将出库凭证相关联次与相应的证件交给客户或运输人员。

表 6-6　出库单

发货企业：　　　　　　出库日期：　　　　　　提货企业：

货物品种	货物数量	重量	金额	备注
出库方式选择	1. 客户自提　2. 委托发货　3. 企业送货			
运费结算方式	1. 企业代垫支付　2. 货到付款			

提货人签字：　　　　　　仓库主管签字：

六、库内清理

货物出库后需要进行相应的清理，包括现场清理和档案清理。

1. 现场清理

根据储存规划要求，对库存的货物进行并垛、挪位、腾整货位，以备新来货物使用；清扫发货场地，保持清洁卫生；检查相关设施设备和工具是否损坏、有无丢失等。

2. 档案清理

整理该批货物的出入库情况和保管保养情况，清理并按规定传递出库凭证、出库单等，相关原始单据要定期装订成册并存入货物保管档案，档案要妥善保管，以备查用。

任务评价

请教师根据学生的实际学习情况和任务完成效果进行全面、客观的评价。

学习任务	配货校验与货物出库		
项目	评价内容	配分	得分
知识技能	了解核对单证的要求	15	
	能够按单进行配货	15	
	能够对配货进行出库作业	15	
	能够正确填写出库单	15	

续表

项目	评价内容	配分	得分
职业素养	严格遵守仓库的管理制度和工作规范	10	
	严格履行岗位职责，做到收发有据	10	
	工作态度认真、细致、严谨	10	
	逻辑清晰，有条理	10	
任务评价		合计得分	

项目七
货物包装及发货管理

包装是生产的最后一道工序，同时也是物流的起点。按在流通中所起的作用分类，包装分为内包装和外包装。多数货物的内包装由生产企业完成并一同销售给客户，因此内包装也称为销售包装。货物在流通过程中可能会发生变化，如有的因受潮而变质，有的因受震动冲击而损坏等。因此，选择合适的包装材料，使用相应的包装技术进行包装，就显得非常重要。当货物包装检验完毕后，进入发货管理环节，此时需要联系合作快递企业的快递员上门取货并做好货物在途跟踪，若出现物流异常情况要及时处理。

通过本项目的学习，我们将了解包装与发货管理的基本作业流程，熟悉包装的类型与常用的包装材料；能根据实际情况正确选择包装材料，根据订单信息（如配送区域、产品类型、客户需求等）对货物进行包装；了解相应的包裹称重设备，学会使用常见的货物称重设备，对货物进行包装检验和称重；能对货物在途异常情况进行处理等。

学习任务 1　货物包装

任务目标

知识目标

1. 了解货物包装发货的基本作业流程。
2. 了解常用的货物包装技术。
3. 熟悉货物包装的类型与常用的包装材料。

技能目标

1. 能够根据订单信息、货物特性等情况正确选择包装材料。
2. 能够根据实际情况，使用不同的包装技术对货物进行包装。

相关知识

货物的包装应遵循科学、经济、牢固、美观、适销的原则。当仓库中待发货物按订单校验配货后，打包员首先需要根据货物特性，按照订单的需求，对货物进行包装。在进行包装之前，打包员应再次核对待出库货物与订单是否一致，并选择合适的包装材料，采取一定的包装技术进行包装。

一、货物包装的概念

货物包装是指在流通过程中，为了保护货物、方便储运、促进销售，采用一定的技术方法进行包装而使用的容器、材料及辅助物等的总称。

二、货物包装的类型

1. 按流通中的作用分类

按流通中的作用分类，包装可分为内包装和外包装。

2. 按包装的作用分类

按包装的作用分类，包装可分为周转包装、运输包装、销售包装、礼品包装、集装化包装等。

3. 按包装的适用广泛性分类

按包装的适用广泛性分类，包装可分为专用包装和通用包装。

4. 按包装保护技术分类

按包装保护技术分类，包装可分为防潮包装、防锈包装、防虫包装、防腐包装、防震包装、易碎品包装、危险品包装等。

三、常见的货物包装材料

常见的货物包装材料见表 7-1。

表 7-1　常见的货物包装材料

包装材料	材料特点	图例
纸质包装材料	以纸和纸板为原料制成的包装，如牛皮纸、纸袋、包装纸、玻璃纸等	
塑料包装材料	塑料的品种较多，性能各异，能满足不同货物的包装要求。同时，塑料的加工性能好，便于加工成不同形式和复杂外形的容器	
玻璃包装材料	玻璃材质的容器化学稳定性好（但不耐碱）、强度高、外观美、易清洗、密封性优良，可透视产品和重复使用，至今仍是使用最普遍的食品包装容器	
金属包装材料	通常用于食品包装（罐藏），能够中长期保存；金属表面具有特殊的光泽，易于进行涂饰和印刷，可以获得良好的效果；易于回收再利用，不会污染环境	

四、常见的货物包装技术

1. 防震缓冲包装

防震缓冲包装是将缓冲材料适当地放置在内装物与包装容器之间，用以减轻冲击和震动，保护内装物免受损坏。常用的防震缓冲包装材料有泡沫塑料、空气包等。

2. 防潮包装

防潮包装是指为了防止潮气侵入包装件，影响内装货物质量而采取的具有一定防护作用的包装技术。防潮包装设计就是为了阻止水蒸气进入，或将水蒸气的进入量减少至最低限度。

3. 防霉包装

防霉包装是指为了防止包装和内装物霉变而采取的具有一定防护作用的包装技术。除防潮措施外，还要对包装材料进行防霉处理。防霉包装必须根据微生物的特点，改善生产和控制包装储存等环境条件，达到抑制霉菌生长的目的。

4. 保鲜包装

保鲜包装是指采用固体保鲜剂（由沸石、膨润土、活性炭、氢氧化钙等原料按一定比例组成）和液体保鲜剂（如以椰子油为主体的保鲜剂，以碳酸氢钠、过氧乙酸溶液、亚硫酸与酸性亚硫酸钙、复方卵磷脂和中草药提炼成分为主体的保鲜剂等）进行水果、蔬菜的保鲜。

5. 充气包装和真空包装

充气包装是指采用二氧化碳气体或氮气等不活泼气体置换包装容器中的空气的包装技术。它通过改变包装容器中气体的组成成分，降低氧气浓度，达到防霉腐和保鲜的目的。真空包装是指将制品装入气密性容器后，在容器口前抽真空，使密封后的容器基本没有氧气的包装技术。一般肉类食品、谷物加工食品及一些易氧化变质货物都可以采用此类方法进行包装。

6. 高温短时间灭菌包装

高温短时间灭菌包装是指将食品填充并密封于复合材料制成的包装内，然后使其在短时间内保持 135 ℃左右的高温，以杀灭包装容器内细菌的包装技术。这种技术可以较好地保持肉、蔬菜等内装食品的鲜味、营养价值及色调等。

知识拓展

我国稳坐全球快递业的头把交椅，仅在 2020 年就处理了数量高达 855 亿件的快递，这一数字在 2021 年更是飙升至千亿级别。然而，这一繁荣背后却带来了庞大的包装废弃物问题，尤其是那些难以降解的塑料袋、胶带和缓冲材料，它们给环境造成了沉重的负担。

鉴于此，绿色包装已然成为包装行业发展的必由之路。当前，业内正积极行动，不仅大力推广纸包装的使用，还致力于研发可生物降解的环保塑料。

包装在货物的流通环节中扮演着守护者的角色，它确保货物安全无损，便于储存和运输，同时也是促进销售的重要手段，因而成为国内外贸易不可或缺的一环。为了打造符合中国特色的包装工业体系，我们亟须在多个层面发力：要加速国产包装设备的研发与创新，建立统一的货物包装标准，并提升我国在国际商品流通中的话语权和影响力。在选择包装材料和设计整体方案时，我们应秉持绿色环保的理念，力求减少废弃物对环境的污染。通过选用适宜的包装材料、优化结构设计、控制用料量、采用无害化加工工艺以及推动绿色生产，我们每个人都能为构建美丽中国的宏伟目标贡献自己的一份力量。

实战演练

日前，杭州某网店策划了为期两周的十周年店庆活动。这几天，仓库里的生鲜果蔬、水产肉蛋的出货量较大。配货员按单完成拣货配货与校验之后，将发货单和快递单交给打包员。表 7–2 是今天要进行货物包装及打包发货的订单之一，打包员小刘依据单据开始货物包装及打包工作。

表 7–2　杭州某网店电子发货单

品名	重量 /g	单价 / 元	件数	备注
多汁葡萄	1 000	20.00	1	需冷藏
红霞草莓	1 000	16.00	10	
新鲜本地鲫鱼	1 100	18.00	15	需鲜活
接单员：		打包员：		送货员：

一、分析订单需求信息

在进行货物包装之前，打包员小刘首先依据货物的特性，按照客户订单信息需求进行正确的分析，填写“订单需求分析表”（见表 7–3），并选择合适的包装材料与包装技术进行货物包装。

表 7-3 订单需求分析表

序号	订单号	订单货物	订单需求分析	包装要求	包装材料
1					
2					
3					
4					

二、分析客户对包装的特殊要求

一般来说，对于大多数货物，打包员只需要根据货物的特性进行常规包装即可。但是有时候部分客户购买货物用于赠送他人，此时他们对包装会有特殊要求，商家应在合理范围内尽量满足。例如，情人节、生日等特殊节日，客户要求货物包装精美或放一张贺卡等。

三、核单验货

打包员小刘要按“发货单”对货物进行逐一核对，如核对货物名称、数量、规格、赠送礼品等，并对发货待包装的货物做质量检验。

四、选择包装材料及包装技术

根据货物的特性、形状以及客户的特殊要求等，选择合适的包装材料和包装技术对货物进行包装，并填写“包装技术分析表”（见表 7-4）。

表 7-4 包装技术分析表

序号	需要包装的货物	采用的包装材料	采用的包装技术	理由
1	多汁葡萄			
2	红霞草莓			
3	新鲜本地鲫鱼			

五、完成货物打包工作

货物打包工作是很重要的一个环节，要求打包员细心、商品不错放、数量和规格正确，并利用胶带切割器合理打包包裹，确保包裹牢固、安全。

任务评价

请教师根据学生的实际学习情况和任务完成效果进行全面、客观的评价。

学习任务	货物包装		
项目	评价内容	配分	得分
知识技能	掌握货物包装材料的选择	20	
	掌握包装技术的选择	20	
	能够对不同货物进行包装	20	
职业素养	具备信息搜集和处理能力	10	
	具备一定的团队合作和沟通能力	10	
	工作态度细致、认真、严谨	10	
	具备一定的创新能力	10	
任务评价		合计得分	

学习任务 2　包装检验及包裹称重

任务目标

- **知识目标**

1. 了解包装检验与包装称重的作业流程。
2. 了解常用的包裹称重设备。

- **技能目标**

1. 能够正确粘贴快递单。
2. 能够熟练进行包装检验操作。
3. 能够根据实际情况进行包裹称重的操作。

相关知识

包装检验及包裹称重是发货前的最后一道流程。

一、包装检验的概念

包装检验是指根据合同、标准和其他有关规定，对发货货物的包装以及包装标志进行检验。包装检验主要包括检查包装是否符合合同约定、是否符合相关标准，包装标志是否正确，包装封口捆扎是否牢固，包装是否有破损，包装外观是否干净整洁等。

二、包裹称重的目的

包裹称重的主要目的是计算邮资费用。此外，通过称重可再次核验包装货物的数量，查看是否存在多包或漏包的情况。将称重的结果记录保存下来，可为客户收件短缺问题、快递丢件问题等提供有效证明。因此，包裹称重也是仓库发货的重要环节。

三、包装标准化

包装标准化的目的在于保证货物在流通过程中安全可靠、性能不变，实现货物包装科学合理，确保货物安全送到客户手中。包装标准化包括包装材料标准化、包装容器标准化、包装工艺标准化和装卸作业标准化。

1. 包装材料标准化

包装材料主要有纸张、塑料、金属、木材、玻璃、纤维织物等，应结合企业生产的需要，有选择地采用。包装材料标准化的主要内容包括：①应尽量选择标准材料，少用或不用非标准材料；②对包装材料的强度、每平方米重量、耐破度、水分等技术指标应做标准规定。

2. 包装容器标准化

包装容器标准化的主要内容包括：①对包装外形尺寸做严格规定（与运输车辆的内部尺寸和包装货物所占的有效仓库容积有关），对运输包装的内尺寸和货物包装的外尺寸也应做严格规定；②一般情况下，包装容器的长与宽之比为 3∶2，高与长相等；③要节约包装材料，且便于搬运、堆码。

3. 包装工艺标准化

包装工艺标准化的主要内容包括：①凡是包装箱、桶等，必须规定内装货物数量、排列顺序、合适的衬垫材料，并防止包装箱、桶内空隙太大，货物游动；②木箱必须规定箱板的木质、箱板的厚度、装箱钉子的规格、相邻钉子的距离、包角的技术要求及钉子不得钉在夹缝里等；③纸箱必须规定如何封口、腰箍的材料、腰箍的松紧和牢固度等，布包则要规定针距及捆绳的松紧度等；④回收复用的木箱、纸箱及其他包装箱也都必须制定标准。

4. 装卸作业标准化

装卸作业标准化的主要内容包括：①在车站、港口、码头、仓库等处装卸货物时，要制定装卸作业标准；②机械化装卸要根据货物包装特点，选用合适的机具，如集装袋、托盘等；③工业、商品流通业、交通运输部门交接货物时，要实行验收责任制，以做到责任分明。

阅读与思考

市场竞争日益激烈的今天，包装检验对于提高产品质量和品牌形象至关重要。为了确保产品的品质和安全性，高露洁在包装检验方面非常重视，不但使用先进的自动化系统对每一件产品包装的外观标签和密封性进行全面检查，而且采用射线检测系统来确保产品中没有异物。这些措施都大大提高了产品的质量和客户的满意度。

包装检验是一项非常重要的工作，打包员在工作中应明白自己的使命和责任，不断总结经验，努力提高工作水平，助力企业形象提升。

四、常用的包裹称重设备

1. 手提电子秤

手提电子秤（见图 7–1）因其广泛的适用性和便携性而备受欢迎。对于日常处理快件的快递业务员来说，准确称重是不可或缺的环节。然而，传统的称重工具通常体积庞大且不易携带，给工作带来诸多不便。手提电子秤的出现彻底解决了买卖过程中称重的难题，其设计精巧，不仅易于携带，还能确保交易的公平性和准确性，从而极大地提升了交易的效率和满意度。

图 7–1　手提电子秤

2. ERP 电子秤

ERP（企业资源计划）电子秤（见图 7–2）兼容市面上大部分 ERP 软件，可直接上传称重数据。ERP 电子秤内置蓝牙，开机后蓝牙自动开启，快递使用 PDA 设备直接搜索、配对、设置即可。此外，ERP 电子秤还支持通过串口线有线连接电脑，只需在快递系统中进行简单设置，便可实现重量的同步传输。

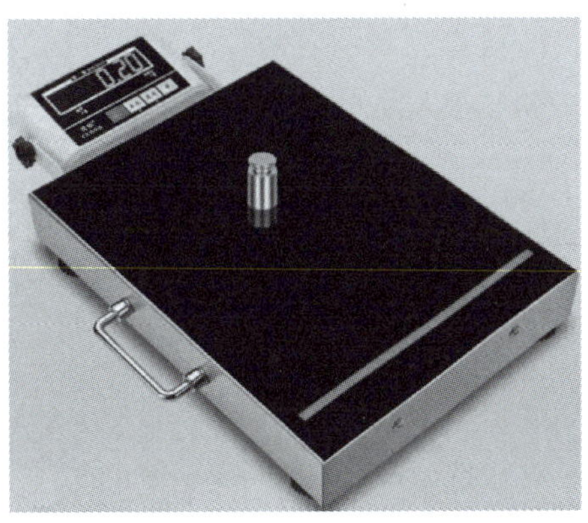

图 7–2　ERP 电子秤

ERP 电子秤不但称重准确，而且能够高

效地将数据传输至电脑并记录每一项称重数据。通过电脑端，用户可以清晰地查看所有信息，极大地方便了数据的保存和记录工作。

实战演练

仓库打包员完成货物包装工作后，在发货前还需对货物进行包装检查。由于此批待发货物主要以生鲜果蔬、新鲜肉蛋为主，所以对防压、保鲜、密封性等有特别的要求。打包员小刘根据检查项目对包装进行检查，做好相应的记录并填写“包装检查记录表”（见表 7–5）。在打包完成后，还需对包裹进行称重。打包员小刘把货物放在 ERP 电子秤上，通过简单的设置，读出显示数字，将称重的结果记录在“包裹称重记录表”（见表 7–6）中。

一、检查包装

在前面的工作中，打包员小刘依据“发货单”，已经完成了需要发货货物的打包工作，现阶段需依据货物的特性、客户需求、包装本身的要求等对包装进行二次检查，如检查防湿、防震、牢固度等性能是否符合要求，并填写“包装检查记录表”（见表 7–5）。

表 7–5　包装检查记录表

序号	货物名称	规格	包装标志	包装完好性	密封性	封口牢固程度
1	多汁葡萄					
2	红霞草莓					
3	新鲜本地鲫鱼					

二、粘贴快递单

检查包装合格之后，直接将快递单粘贴在已经完全密封好的外包装封口处，以避免货物被人私自打开，确保货物的安全。

三、包裹称重

将包裹放置在称重设备上称重。称重时要注意将称重设备归零及选择称重单位，含容器的包裹称重时要注意去皮。

四、记录称重结果

将称重的结果记录在“包裹称重记录表”（见表 7–6）中，保存档案，以便后续包裹在运输途中出现意外问题时及时查阅档案进行处理。

表 7-6　包裹称重记录表

序号	订单编号	快递单号	货物名称	货物数量	称重重量
1					
2					
3					

任务评价

请教师根据学生的实际学习情况和任务完成效果进行全面、客观的评价。

学习任务	包装检验及包裹称重		
项目	评价内容	配分	得分
知识技能	了解包装检验的概念	15	
	了解包裹称重的方式	15	
	能够熟练地进行包装检验操作	15	
	能够根据实际情况进行包裹称重操作	15	
职业素养	具备分析问题和解决问题的能力	10	
	具备一定的团队合作和沟通能力	10	
	工作态度细致、认真、严谨	10	
	具备一定的创新能力	10	
任务评价		合计得分	

学习任务 3　发货管理

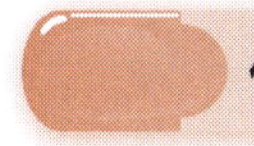

任务目标

知识目标

1. 了解网店发货的基本作业流程。
2. 了解物流跟踪的方法。

技能目标

1. 掌握物流异常的处理方法。

2. 掌握物流运费模板的设置。

相关知识

不同类型的网店，其发货流程往往因店铺特点而异。实体店铺通常需商家亲自负责发货和物流跟踪，而网络代发店铺则常借助供应商完成发货任务。无论采用何种发货方式，保持发货流程的顺畅与准确都至关重要。

一、网店发货的基本作业流程

网店发货流程主要包括以下几个步骤：

1. 确认订单信息

网店商家在收到客户订单后，需要仔细核对订单信息，包括货物名称、数量、价格及收货地址等，确保所有信息准确无误。

2. 备货准备

商家在确认订单信息无误后，需要尽快将货物准备好，这包括从仓库中拣货配货、检查货物质量、进行包装等。商家需要特别注意货物的包装，以确保货物在运输过程中完好无损。

3. 选择物流服务商

商家可以根据货物的特性、客户的地理位置和物流企业的服务质量等因素，选择合适的物流服务商。淘宝平台提供了多种可供选择的物流配送方式，商家可以根据自己的需求进行选择。

4. 生成物流订单

商家将选择好的物流服务商相关信息输入系统，生成物流订单。商家需要确保物流企业、运费、物流单号等信息准确无误。

5. 与物流企业交接

商家将包裹交给选择好的物流企业，物流企业会根据商家提供的物流信息进行处理。商家需要与物流企业核对包裹的数量、尺寸和重量等信息，确保物流企业能够正确处理包裹。

6. 物流跟踪

商家需要及时跟踪物流状态，了解包裹的运输情况。在淘宝平台上，商家可以通过输入物流单号进行物流查询，查看包裹的实时位置和运输进度。

7. 确认收货

当客户收到货物后，需要确认收货。客户确认收货后，淘宝平台会将资金结算给商家，同时，客户还可以对商家的服务进行评价和留言，为其他客户提供参考。

在整个网店发货流程中，商家需要确保所有信息的准确性，并选择合适的物流渠道，以确保货物能够安全、及时地送达客户手中。

二、运费模板设置及运费计算

运费模板可以根据商家实际需求灵活设置，按不同地区、不同产品件数或重量收取不同运费，商家也可以按照营销活动设置包邮促销等。一般的物流运费模板设置包括以下内容：

1. 设置运费模板名称

设置运费模板名称的目的是便于后期识别和管理。

2. 设置货物地址

货物地址即产品发货地。

3. 设置是否包邮

如果选择“自定义运费”，商家可以设置不同地区的运费计算模式。例如，局部地区包邮时，可以把这些区域的运费设置为 0 元。如果选择“卖家承担运费”，则默认全场包邮。

4. 设置计价方式

商家可根据货物的特性以及快递企业的计费形式，选择按件数、重量或体积进行计费。例如，货物运送到江西省，默认首重 10 元 / 千克，续重 3 元 / 千克。

5. 设置运送方式

大多数情况选择快递，针对部分区域或者客户特定需求，可能需要选择 EMS（中国邮政速递物流）或者平邮，可以根据实际情况进行设置。除指定地区外，其余地区的运费可采用“默认运费”。

三、物流跟踪方法

目前货物跟踪的方法有很多，下面介绍常用的几种方法：

1. 通过物流企业官网查询

大多数物流企业都提供货物跟踪查询服务，可以通过输入货物的跟踪号码来查询货物的运输状态。

2. 通过物流跟踪网站查询

很多物流跟踪网站可以提供货物跟踪查询服务，通过输入货物的运单号来查询货物的运输状态。

3. 通过手机 App 查询

很多物流企业都提供手机 App，可以通过输入货物的运单号来查询货物的运输状态。

4. 通过电话查询

如果不想使用网络查询，也可以通过拨打物流企业的客服电话来查询货物的运输状态。

实战演练

仓库管理员小李将待发货的包裹统一放置在待出库区域，之后联系合作的快递员上门取货。快递员取件后，小李应该及时跟踪货物的运输状态，如果有异常物流状态，应做好登记并及时处理。

一、提前做好货物发货前的准备工作

仓库管理员要做好发货前的准备工作，包括人员准备、资料准备、称重设备、联系快递员上门取件、运费设置等，并对发货的准备工作进行逐一确认，为后续工作的顺利开展打好基础。

二、设置快递运费模板

目前国内电子商务平台运费模板的设置比较简单，通常情况下采用包邮的形式，但具体问题需要具体分析。如果采用收费的形式，通常需要考虑货物的重量、体积、价格以及利润空间等因素。网店客户来自全国各地，而不同地区的快递运费各不相同，因此商家需要针对不同地区设置不同的运费模板，将不同地区的运费进行区分。以淘宝平台为例，商家可进入“我的淘宝”卖家中心，在左侧栏中点击“我是卖家”下的“物流管理”—“物流工具”栏目，进入发货管理页面，再单击“运费模板设置”—“新增运费模板”，即可创建一个新的运费模板，如图 7–3 所示。

三、联系快递员上门取件

当合作的快递企业的快递员上门取件时，仓库管理人员应辅助快递员完成货物的称重、运费计算等工作。如果取件时包裹有问题，应该及时解决并记录下来。

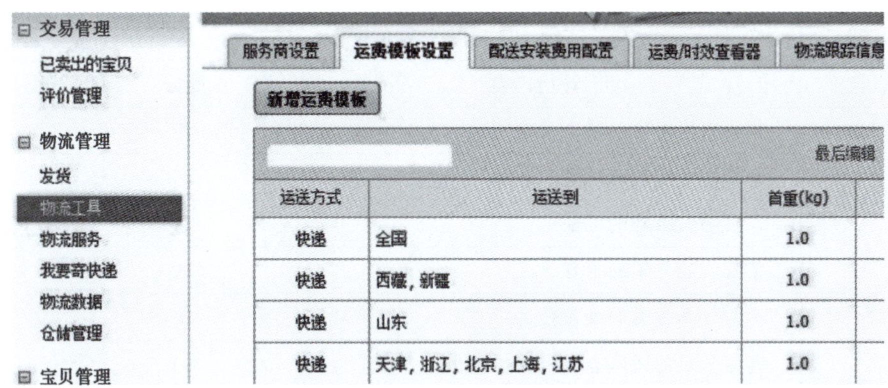

图 7–3　快递运费模板设置

四、物流跟踪

物流跟踪服务是一般电子商务平台向客户提供的一项购物后的物流状态查询服务，旨在为客户打造及时、准确、便捷的物流状态跟踪服务体验。以菜鸟发货平台为例，发货后仓库管理员可以通过发货平台的“包裹管理”—“包裹监控”栏目，查看下单、揽收、运输、派送到签收的包裹动态，如图 7–4 所示。对于个别超时包裹，商家可以根据订单包裹运输的不同环节做出不同反应，如催揽、催更物流信息、催派等，并及时与客户沟通，发出延时预警，以提升客户的消费体验。

图 7–4　物流跟踪

任务评价

请教师根据学生的实际学习情况和任务完成效果进行全面、客观的评价。

学习任务	发货管理		
项目	评价内容	配分	得分
知识技能	掌握网店发货的基本流程	15	
	掌握运费模板的设置	15	
	掌握物流跟踪的方法	15	
	掌握物流异常的处理方法	15	
职业素养	具备信息搜集和处理能力	10	
	具备一定的团队合作和沟通能力	10	
	工作态度细致、认真、严谨	10	
	具备一定的创新能力	10	
任务评价		合计得分	

项目八
物流运输管理

随着全球经济一体化的深入发展，物流行业在促进国际贸易、提高供应链效率、推动地区经济增长等方面具有重要作用。物流运输服务是现代社会不可或缺的服务业态。全球化的推进以及信息技术的迅猛发展，为物流运输服务提供了广阔的市场空间，同时也带来了持续增长的服务需求。物流企业纷纷将提升物流运输服务水平、优化资源配置、降低运营成本作为发展目标，致力于通过创新服务模式、引进先进技术、强化管理效能等手段，为客户提供更加高效、可靠的物流运输服务。

通过本项目的学习，我们将充分了解物流运输方式分类，理解运输在物流中的地位，了解五大运输方式的概念、特点和适用对象；掌握物流运输需求分析要点及运输需求策略制定；了解运输成本、运输配载原则；能够根据实际情况规划物流运输、选择运输设施设备；能够对运输货物需求、运输方式需求、运输路线需求等进行细致的分析和规划，根据客户要求及货物的具体特征合理规划物流运输路线。

学习任务 1　物流运输方式选择

任务目标

1. 熟悉五大运输方式的概念、特点及适用对象。
2. 掌握不同情况下运输设施设备的选择。

相关知识

随着现代物流业的快速发展，运输方式不断丰富和多样化，每种运输方式都有其独特的特点和适用范围。同时，为了满足运输需求和提高运输效率，各种运输设施设备也应运而生。选择合适的运输方式和设施设备，对于降低物流成本、提高运输效率、保障货物安全等方面具有重要意义。

一、运输方式分类

货物运输方式主要有铁路运输、公路运输、水路运输、航空运输和管道运输五种。

1. 铁路运输

铁路运输是指在相对固定的列车线路上，利用铁路设施、设备进行运输的一种运输方式。铁路运输主要承担长距离的货运。在没有水运条件的地区，几乎所有大批量货物都依靠铁路完成运输，所以铁路运输是在干线运输中起主力作用的运输形式。

铁路运输的货物一般是距离长、运量大的原材料。目前在铁路承运的货物中，能源、原材料、建材等大宗物资占有相当大的比重，仅钢、煤、木、油四大类能源、原材料物资就约占铁路货运总量的3/4。其中，煤炭运输一直占铁路货运量的40%以上，全国煤炭产量的60%以上由铁路调运。此外，铁路也承担着价值低的制成品、特殊设备、冷冻产品、新汽车等的运输，且较多地至少运输一整车皮的批量货物，具有运量大、速度快、全天候、成本低等优势。

根据发货人托运的货物数量、性质、体积、状态等的不同，铁路运输可分为整车运输、零担运输和集装箱运输。

（1）整车运输

整车运输是指托运一个批次货物至少占用一节货车车皮的运输方式。一批货物的重量、体积、形状或性质需要以一辆或一辆以上的货车装运的，应按整车方式办理运输。

（2）零担运输

零担运输是指一张（一批）货物运单托运的货物重量或容积不够装一节货车车皮的运输方式（即不够整车运输条件）。

（3）集装箱运输

集装箱运输是指使用集装单元器具或利用捆扎方法，把裸状物品、散装物品、体积较小的成件物品，组合成一定规格的单元进行运输的运输方式。

2. 公路运输

公路运输是指主要使用汽车，也使用其他车辆（如人、畜力车等）在公路上进行运输的一种方式。公路运输主要承担铁路与水路运输优势难以发挥的近距离、小批量的货运，以及铁路、水路运输难以到达地区的长途、大批量运输。

公路运输可以将两种或多种运输方式连接起来，实现多种运输方式联合运输，做到货物运输的“门到门”服务，因此它在综合运输体系中发挥着“微血管”和“大动脉”的双重作用。

在市场经济条件下，公路运输的组织形式一般有以下几种类别。

（1）自营运输

自营运输是指工厂、企业、机关自置汽车专门运送自己的物资和产品，一般不对外营业。自营运输的成本更低，对货物的理货要求更清楚，运送时出差错少，服务更方便，运作绩效更好；其缺点是企业在财务上缺乏灵活性，必须投入大量资金购买运输设备和装卸设备。

（2）契约运输

契约运输是指按照承托双方签订的运输契约运送货物。与运输商签订契约的一般都是合作期限较长、运量较大而又较稳定的大工矿企业。按契约规定，托运人保证提供一定的货运量，承运人保证提供所需的运力。

（3）公共运输

公共运输是指运输商专业经营汽车货物运输业务，并以整个社会为服务对象。其经营方式有以下三种：①定期定线，即不论货载多少，在固定路线上按时间表行驶；②定线不定期，即在固定路线上视货载情况派车行驶；③定区不定期，即在固定的区域内，根据货载需要派车行驶。

（4）汽车货运代理

汽车货运代理是指企业本身既不掌握货源也不掌握运输工具，他们以中间人的身份一面向供货企业揽货，一面向运输企业托运，借此收取手续费用和佣金。有的汽车货运代理专门向供货企业揽取零星货载，加以归纳集中成为整车货物，然后自己以托运人名义向运输企业托运，赚取零担和整车货物运费之间的差额。

3. 水路运输

水路运输是指利用船舶、排筏或其他浮运工具，在江、河、湖泊水道以及海洋上运送旅客和货物的一种运输方式。水路运输主要承担量大、长距离的运输，是在干线运输中起主力作用的运输形式。

水路运输的基础为江、河、湖、海等“天然航道”，投资少、能耗省、条件便利，通航能力限制小。以内河运输为例，水路运输的成本仅为公路运输的1/3。同时，水路运输在开展国际贸易中具有不可替代的作用，从古至今都是沿海国家经济往来的主要载体。一些国家水路运输的货物周转量占各种运输方式总货物周转量的10%～20%，个别国家超过50%。

水路运输的形式包括沿海运输、近海运输、远洋运输和内河运输。

（1）沿海运输

沿海运输是使用船舶通过大陆附近沿海航道运送客货的一种方式，一般使用中、小型船舶。

（2）近海运输

近海运输是使用船舶通过大陆邻近国家海上航道运送客货的一种运输形式，视航程可使用中型船舶，也可使用小型船舶。

（3）远洋运输

远洋运输是使用船舶跨大洋的长途运输形式，主要依靠运量大的大型船舶。目前远洋运输主要以集装箱船舶运输、大型散装货船运输和大型油轮运输为主。

（4）内河运输

内河运输是使用船舶在陆地内的江、河、湖、川等水道进行运输的一种方式，主要使用中、小型船舶。内河运输常见的运输形式主要有拖船运输和单船运输。拖船是指自身有动力装置、用于拖带其他船只或浮体的船，在国内习称拖轮。

4. 航空运输

航空运输是使用飞机或其他航空器进行运输的一种方式。航空运输最大的优势是速度快，最适合承担运量小、距离远、对时间要求紧、运费承担能力较强的任务。此外，航空运输也多用于国际多式联运，如常用的陆空联运、海空联运、陆空陆联运，甚至陆海空联运等，与其他运输方式配合，使各种运输方式各显其长、相得益彰。

航空运输方式有班机运输、包机运输、集中托运、联合运输和航空快件传送等。

（1）班机运输

班机是指定期开航的，定航线、定始发站、定目的港、定途经站的飞机。班机运输通常使用客货混合型飞机，货舱容量较小，运价较高，但由于航班固定，有利于客户安排鲜活货物或急需货物的运送。

（2）包机运输

包机运输可分为整架包机和部分包机两种。整架包机是指航空企业或包机代理企业，按照与租机人双方事先约定的条件和运价，将整架飞机租给租机人，从一个或几个航空站装运货物至指定目的地的运输方式。部分包机是指几家航空货运代理企业（或发货人）联合包租一架飞机，或者由包机企业把一架飞机的舱位分别租给几家航空货运代理企业。

（3）集中托运

集中托运是指航空货运代理企业将若干批单独发运的货物组成一批向航空企业办

理托运，填写一份总运单将货物发运至同一目的站，由航空货运代理企业在目的站的代理人收货、报关，并将货物分拨交给各收货人的运输方式。

（4）联合运输

联合运输是指采用包括航空运输在内的两种及两种以上运输方式的运输，如陆空联运、陆空陆联运等。

（5）航空快件传送

航空快件传送是目前国际航空运输中最快捷的运输方式。其具体做法是派专人以最快的速度在供货企业、机场、客户之间运输和交接货物。航空快件传送业务主要有以下三种形式：①从机场到机场；②门到门；③派专人送货，即由速递企业专人随机送货。

5. 管道运输

管道运输是利用管道输送气体、液体和粉状固体的一种运输方式，其运输形式是靠物体在管道内顺着压力方向循序移动实现的。

管道运输不仅运输量大、连续、迅速、经济、安全、可靠、平稳，以及投资少、占地少、费用低，并可实现自动控制，还可省去水路运输或公路运输的中转环节，缩短运输周期，降低运输成本，提高运输效率。

二、运输方式的特点和适用对象

常用运输方式的特点和适用对象见表 8-1。

表 8-1　常用运输方式的特点和适用对象

运输方式	特点	适用对象
铁路运输	初始投资高，运输容量大，成本低廉，占用土地多，连续性强，可靠性好	适合于大宗货物、散件杂货等的中长途运输
公路运输	机动灵活，适应性强，短途运输速度快，能源消耗大，成本高，空气污染严重，占用的土地多	适合于短途运输、零担运输、门到门的运输
水路运输	运输能力强，成本低廉，速度慢，连续性差，能源消耗及土地占用都较少	适合于中长途大宗货物运输、国际货物运输
航空运输	速度快，成本高，空气和噪声污染重	适合于中长途及贵重货物运输、保鲜货物运输
管道运输	运输能力强，占用土地少，成本低廉，连续输送	适合于长期稳定的流体、气体及浆化固体物的运输

三、运输设施设备选择

1. 铁路运输设备

铁路运输设备主要有车体、车轮和钢轨，但物流企业主要就车辆进行选择。

铁路车辆是运送客货的工具，在运行中需要连挂成列车由机车牵引前进。车辆按照运送对象不同，可分为客车和货车。货车的种类很多，有棚车、敞车、平车、罐车、保温车等。运输怕湿及贵重货物时，物流企业一般选择使用棚车。当货物是不怕湿的散装货或一般机械设备时，可使用敞车。平车一般用于装运长、大货物（如木材）及集装箱。同货运汽车一样，罐车主要适用于装运液体、半液体和粉状货物。保温车主要用来装运新鲜易腐货物及对温度有特殊要求的某些医药用品。

2. 公路运输设备

公路运输设备主要是汽车。汽车又分为客车、专用运输车辆和载货汽车。在物流运输中，物流企业用到的主要是专用运输车辆和载货汽车。

（1）专用运输车辆

专用运输车辆主要包括自卸式货车、散粮车、厢式车、敞车、平板车、罐式货车、冷藏车、栏板式货车、集装箱牵引车和挂车等。

1）自卸式货车。自卸式货车是指载货部位具有自动倾卸装置的载货汽车。自卸式货车又称翻斗车，由汽车底盘、液压举升机构、货厢和取力装置等部件组成，一般用于矿山和建筑工地及煤和矿石的运输。物流企业一般不会使用这种货车。

2）散粮车。散粮车的专用性很强，供承运粮食使用。

3）厢式车。厢式车具备封闭独立结构的车厢和便于装卸作业的车门。

4）敞车。敞车顶部敞开，因此能够装载高低不等的货物。

5）平板车。平板车主要用于运输钢材和集装箱等货物。

6）罐式货车。罐式货车具有密封性强的特点，适用于运输流体类货物（如石油）及易挥发、易燃等危险品。

7）冷藏车。冷藏车主要用于运送需对温度进行控制的、冷藏保鲜的、易腐易变质的鲜活货物。

8）栏板式货车。栏板式货车的特点是整车重心低、载重量适中，主要用于装载百货和杂品。

9）集装箱牵引车和挂车。集装箱牵引车专门用于拖带集装箱挂车或半挂车，两者结合组成车组，是长距离运输集装箱的专用机械，主要用于港口码头、铁路货场与集装箱堆场之间的运输。集装箱挂车按拖挂方式不同，分为半挂车和全挂车两种，其中半挂车最为常见。

（2）载货汽车

载货汽车按载货量分为重型、轻型载货汽车；按汽车的大小分为大型、中型、微型载货汽车。其中，进行市内的集货、配货可用微型和轻型货车，长距离的干线运输可用重型货车，短距离的市外运输可用中型货车。

3. 水路运输设备

物流企业在水路运输设备的选择主要涉及两方面的内容，即船舶和装运方式的选择。船舶是航行或停泊在水域进行运输或其他作业的工具，物流企业使用的主要是货船。按照载运货物的不同，可将货船分为以下几种：

（1）干散货船

干散货船即散装货船，用来装载无包装的大宗货物。因为所运载的货物无须成捆、成包、成箱包装，不怕挤压，便于装卸，所以干散货船一般都是单甲板船。运输粮食、煤炭等一般用干散货船。

（2）杂货船

杂货船即普通货船，一般载重量不是很大，为了理货方便而设有两三层甲板，一般装有起货设备，许多万吨级的杂货船常设有深舱。杂货船的运输速度不是很快，主要用于装载一般包装、袋装、箱装及桶装的什杂货物。新型的杂货船一般为多用途船，既能运载普通杂货物，也能运载散货、大件货、冷藏货与集装箱。

（3）冷藏船

冷藏船是指冷藏并运输肉、鱼、蛋、鲜奶、水果、蔬菜等货物的船舶。冷藏船最大的特点就在于其货舱实际上是一座大型冷藏库，可提供货物久藏所需的温度。不同种类的货物所要求的储存温度不同，因此冷藏船又分为保温运输船（主要用于运输水果、蔬菜）和冷冻船（主要用于运输冷冻性货物）。

（4）木材船

木材船是指专门用来装载木材或原木的船舶。这种船舶的特点是舱口大，船舱和甲板都可装载木材。

（5）原油船

原油船是指专门载运原油的船舶。这种船舶的载重量很大。

（6）成品油船

成品油船是指专门运输汽油、柴油等石油制品的船舶，具有很高的防火、防爆要求。

（7）集装箱船

集装箱船是指专门运载集装箱的船舶，又称箱装船或货箱船。集装箱船货舱的尺寸都按载箱的要求规格化。集装箱船装卸效率高，有效地缩短了在港时间。这种船的

航速一般较快。集装箱船又可分为部分集装箱船、可变换集装箱船和全集装箱船。

（8）滚装船

滚装船主要用来装载运输汽车和集装箱，在船侧或船首、尾设有开口斜坡与码头连接。它的优点主要是有不依赖于码头的装卸设备，装卸速度快，可加速船舶周转。

（9）液化气运输船

液化气运输船是指专门运输液化气的船舶。液化气主要包括液化天然气、液化石油气、氨水、乙烯和液氯等。

（10）载驳船

载驳船是一种专门载运货驳的母子船。采用载驳船的运输业务流程是先把货物装上方形货驳，再把货驳装上载驳船，运送到目的港后，把货驳卸下，用拖船把货物分送至各自的目的地。载驳船装卸效率高，适宜于海河联运。

4. 航空运输设备

航空运输设备主要包括航空港和航空器。

（1）航空港

航空港即航空站或机场，是航空运输的经停点，供飞机起飞、降落和停放等。

（2）航空器

对物流企业来说，航空器主要是指民用飞机中的货机或货客两用机。货机运量大，但经营成本高，只限于某些货源充分的航线使用。

5. 管道运输设备

管道运输设备主要包括管道线路设施、管道站库设施和管道附属设施，物流企业主要是就所输送的货物性能和种类进行选择。

管道运输按货物性能可分为固体（固体粉碎后加水成浆状）管道运输、气体管道运输和液体管道运输；按货物种类可分为原油管道运输、成品油管道运输、天然气管道运输、煤浆和矿浆管道运输等。

阅读与思考

从“溜索姑娘”到邮政扶贫人

在云南省迪庆藏族自治州德钦县云岭乡邮政所有一位“溜索姑娘”，她叫尼玛拉木。作为一名邮递员，工作 20 余年间，她 1 000 多次挂上溜索，飞越凶险

的澜沧江，她没误过一个班期，没丢过一封邮件，投递率100%。近年来，为了助力家乡人民走向共富，她投身主播领域，带领迪庆州邮政分公司19名青年骨干帮乡亲们销售农特产品。她的故事被翻拍成电影《信者》。

无论是人工物流，还是智能物流，配送的不只是产品，更多时候是一种情感、一种幸福。

任务评价

请教师根据学生的实际学习情况进行全面、客观的评价。

学习任务	物流运输方式选择		
项目	评价内容	配分	得分
知识技能	掌握铁路运输的实践应用	10	
	掌握公路运输的实践应用	10	
	掌握水路运输的实践应用	10	
	掌握航空运输的实践应用	10	
	掌握管道运输的实践应用	10	
职业素养	具备信息搜集和处理能力	10	
	具备一定的团队合作和沟通能力	15	
	工作态度细致、认真、严谨	15	
	具备一定的创新能力	10	
任务评价		合计得分	

学习任务2　物流运输策略分析

任务目标

1. 理解运输需求的概念与特性。
2. 掌握物流运输需求分析的内容。
3. 掌握物流运输策略的制定。

相关知识

物流运输策略分析是物流管理中的核心环节，对于企业的物流运作至关重要。在物流运输需求分析中，企业需要对运输量、运输距离、运输时间、运输成本等运输需求进行分析，以便更好地了解运输需求的特点和规律，为制定合理的物流运输策略提供依据。

制定物流运输策略是满足运输需求的关键。企业需要根据运输需求和市场环境，制定适合自身的运输策略，包括选择合适的运输方式、优化运输线路、合理配置运输资源等。在制定策略时，企业需要充分考虑运输成本、运输时间、货物安全、客户要求等因素，以达到最佳的物流运输效果。

因此，进行物流运输需求分析和制定物流运输策略是企业实现高效物流运作的重要保障。在实际操作中，企业应加强需求分析的准确性和科学性，提高策略制定的针对性和可操作性，以提升物流运作的整体效能，增强市场竞争力。

一、运输需求的概念与特性

运输需求是指在一定的时期内，一定的价格水平下，社会经济生活在货物与旅客空间位移方面所提出的具有支付能力的需求。

运输需求具有以下特性:

1. 广泛性

运输需求源于人类日常生活与社会生产的根本需求，是一种具有普遍性的需求形式。它普遍地渗透于人类社会的各类活动之中，并随着社会活动的不断演进而持续发展。

2. 派生性

（1）派生需求

对一种货物和劳务的需求是由另一种或几种货物和劳务的需求所衍生出来的。

（2）运输需求

运输需求属于派生需求。货物与旅客移动绝不是目的，而是实现目的的手段。

3. 多样性

社会经济活动的多样性决定了运输需求的多样性。

4. 空间特定性

运输需求是对位移的要求，而且这种位移是运输客户指定的两点之间带有方向性

的位移，也就是说运输需求具有空间特定性。这一特点构成了运输需求的两个要素，即流向和流程。流向是指货物或旅客空间位移的地理走向，即从何处来到何处去。流程也称运输距离，是指货物或旅客空间位移起止点之间的距离。对于货物来说，运输需求在方向上往往是不平衡的，这是造成货物运输量在方向上不平衡的主要原因。

5. 时间特定性

客运需求在发生的时间上具有一定的规律性，如周末或重要节日前后的客运需求明显高于其他时间，蔬菜和瓜果的收获季节也是货物运输的繁忙时期，这些都反映了运输需求的时间特定性。运输需求在时间上的不平衡也就引起了运输生产在时间上的不均衡。

6. 部分可替代性

（1）外部替代

外部替代是指某一运输需求有时可以由运输以外的空间位移方式来替代。

（2）内部替代

内部替代是指同一运输需求有时可以通过不同的运输方式来替代。

二、物流运输需求分析

物流运输需求分析需要对运输货物需求、运输方式需求、运输路线需求、运输风险需求、运输评估需求等进行细致的分析和规划。

1. 运输货物需求

首先需要明确货物的种类、数量、尺寸、重量、到达时间、目的地等信息。这些信息是制订物流运输需求计划的基础。

2. 运输方式需求

结合货物的性质、数量、运输距离和时间要求等因素，了解和明确客户需求的运输方式。同时，还需要考虑物流企业可用的运输工具和运输网络资源。

3. 运输路线需求

根据实际情况和货物需求，了解运输地点之间的具体路线，深入了解客户对运输路线的需求，并对运输路线进行合理规划。要考虑运输距离、时间、交通工具等因素，尽可能避免交通拥堵和路况不良造成的延误。同时，要考虑如何优化路线，降低运输成本。

4. 运输风险需求

针对可能出现的风险，如恶劣天气、交通事故等，制定相应的应对措施。例如，

可以为运输车辆配备预警装置，及时发现并处理潜在风险。

5. 运输评估需求

物流运输需求计划执行完成后，需要对整个计划的绩效进行评估。评估的内容主要包括运输时间、运输方式、运输成本、客户满意度等。通过绩效评估，可以发现计划执行过程中的不足，为今后的物流运输需求计划制订提供参考和借鉴。

三、物流运输策略制定

在物流运输领域，策略制定至关重要。运输策略的制定应考虑多种因素，包括运输方式选择、运输路线优化、运输成本与时间效益权衡、运输能力规划、运输风险管理、运输协调与整合以及运输信息管理等。

1. 运输方式选择

运输方式的选择是影响物流效率和成本的首要因素。常见的运输方式包括公路运输、水路运输、航空运输、铁路运输、管道运输等。每种运输方式都有其优点和局限性。例如，公路运输适用于大量货物的小范围运输；水路运输则适用于远距离、大批量货物的运输，但时间较长；航空运输适用于紧急、小批量货物的快速运输。因此，在选择运输方式时，需要综合考虑货物的性质、运输距离和交货时间等因素。

2. 运输路线优化

运输路线优化有助于降低物流成本和提高运输效率。运输路线优化需要考虑运输距离、时间、交通工具等因素，以尽可能避免交通拥堵和路况不良造成的延误。优化路线策略主要有三点：首先是直达运输，即尽量减少中转和转运环节；其次是选择最佳的交通运输路径，如考虑道路状况、距离、交接班时间等因素；最后是尽量减少不必要的运输，如尽量通过公路进行短途运输，以减少转运次数。

3. 运输成本与时间效益权衡

在制定运输策略时，需要权衡运输成本和时间效益。快速、高效的运输可以提高客户满意度，但也可能增加运输成本。因此，需要在保证交货时间和服务质量的前提下，尽量降低运输成本。

4. 运输能力规划

合理的运输能力规划可以避免资源浪费，提高物流效率。企业需要对货物的数量、运输频率和路线进行深入分析，然后选择适当的运输设备进行规划，同时还需要考虑人员配备、设备维护和安全等因素。

5. 运输风险管理

在物流运输过程中，可能会遇到各种风险，如货物损失、延误、盗窃等。因此，需要对这些风险进行有效管理和预防。这可以通过购买保险、使用高科技手段如 GPS（全球定位系统）追踪货物、采用安全包装等方式来实现。此外，运输企业对可能涉及的各种法律法规也应有所了解，以避免触犯相关规定而导致不必要的风险。

6. 运输协调与整合

良好的运输协调与整合能力可以优化物流过程并提高效率。这涉及与其他物流环节的协调，如仓储、包装、配送等；另外，也需要与外部供应商和客户进行有效沟通和协调。可以通过使用先进的物流管理系统和技术，如 SCM（供应链管理）和 ERP（企业资源计划），来提高协调和整合效率。

7. 运输信息管理

现代物流需要强大的信息管理系统来支持，这包括收集和分析各种数据，如货物信息、运输成本、交货时间等，以支持决策制定。此外，通过信息管理系统可以更好地跟踪货物的位置和状态，提高客户满意度；同时，也可以利用这些信息进行持续的改进，以提高物流效率和降低成本。

任务评价

请教师根据学生的实际学习情况进行全面、客观的评价。

学习任务	物流运输策略分析		
项目	评价内容	配分	得分
知识技能	掌握物流运输需求计划的制订	20	
	掌握物流运输策略分析的内容	20	
	能够根据客户要求及货物的具体特征进行物流运输策略分析	20	
职业素养	具备信息搜集和处理能力	10	
	具备一定的团队合作和沟通能力	10	
	工作态度细致、认真、严谨	10	
	具备一定的创新能力	10	
任务评价		合计得分	

学习任务 3　物流运输最优路线规划

任务目标

- **知识目标**

1. 理解物流运输路线的成本。
2. 理解物流运输路线优化的基本方法。
3. 掌握物流运输路线选择时考虑的目标。
4. 掌握运输配载的原则。

- **技能目标**

1. 能够根据物流运输路线优化的约束条件规划最优的送货路线。
2. 能够根据客户要求及货物的具体特征，合理规划物流运输路线。

相关知识

物流运输最优路线规划是物流管理中一个重要的环节，旨在确定最经济、最快速、最可靠的运输路线。最优路线规划的目标是在满足运输需求和限制条件的前提下，最小化运输成本、时间或其他相关的度量标准。

物流运输最优路线规划是一项复杂的任务，它需要考虑多种因素，如货物的种类、数量、尺寸和重量，货物的紧急程度，起点和目的地之间的距离和地理条件等。合理规划运输路线可以最大限度地减少运输时间和成本，提高运输效率，并保障货物的安全性和完整性。

一、物流运输成本认知

物流运输路线的选择对于控制物流运输活动的成本是非常关键的。因为物流运输路线是可长可短的，选对了物流运输路线，可能节省将近一半的物流运输成本。物流运输路线的成本主要包括三个方面：

1. 固定成本

固定成本基本是不变的，它主要包含购置运输工具、线路维护、装卸机具、信息系统等方面的成本。

2. 线路建设成本

线路建设成本是一个可控的成本。道路设计要求及等级不同，物流运输路线的成本也不同。

3. 物流运输企业运营成本

物流运输企业运营成本主要是指所选路线的动力和能源成本、劳动力成本、利率、税费和保险费用、管理费用及运输工具和设备的维修维护费用等。这些成本也是可控的，只要物流运输企业可以合理地规划及制定相应的物流运输方案，就可以实现物流运输成本控制的目标。

二、物流运输路线确定

选择物流运输路线时要考虑以下几个目标：效益最高、成本最低、路程最短、吨千米最小、准时性最高、运力运用最合理、劳动消耗最低。其中，路程最短、吨千米最小、劳动消耗最低都与成本直接相关，而准时性最高、运力运用最合理两项也与成本有间接联系。由于成本的降低最终也能影响效益目标的实现，以成本为目标与以效益为目标事实上是相辅相成的，所以，成本控制在配送路线的选择与确定工作中占有核心地位。

三、物流运输路线优化

物流运输路线合理与否对物流速度、成本、效益影响很大，物流运输路线的优化设计对合理快速地运输起到关键作用。无论采用哪种运输方式，都必须遵循一个原则，即根据想要达到的明确目标及实现该目标的限制因素来确定物流运输路线。

1. 物流运输路线优化的约束条件

无论选择哪个目标或者实现哪个目标，都是有一定约束条件的，只有在满足这些约束条件的前提下才能实现目标。一般在选择配送路线时，有以下几个约束条件：

（1）满足所有收货人对货物品种、规格及数量的要求。

（2）满足收货人对货物送达时间范围的要求。

（3）在允许通行的时间内进行配送，各配送路线的货物量不得超过车辆容积和载重量的限制。

（4）在已有送货运力资源允许的范围内。

2. 物流运输路线优化方法

（1）简化运输系统，减少中间环节，减少不必要的运输环节

围绕物流运输业务活动，还要进行装卸、搬运、包装等工作，多一道环节就需要

多投入很多劳动，浪费许多成本。所以，在调运物资时，对有条件直运的，尽可能组织直达、直拨运输，使物资不进入中转仓库，越过一切不必要的环节，由产地直运销地或用户，减少二次运输。

（2）选择最佳运输手段

可以实施托盘化运输，即利用托盘作为单元进行货载运输。其关键在于全程托盘化之后，可以把前述各项功能连接起来，托盘可以相互连续使用。

也可以实施集装箱运输，安全、快捷、低价是集装箱运输相对于传统运输方式的主要优点。

（3）选择最佳的交通运输路径

优化路径，降低空置率，合理配送，选用适当载重的运输工具，还要根据具体的交通状况制订不同的计划，如考虑道路状况、距离、交接班时间等因素。

四、运输配载原则

运输配载是指根据货物的重量、体积、形状、价值等特性，合理地将货物分配到不同的运输工具上，以达到最佳的运输效益。运输配载应遵循以下原则：

1. 安全性原则

安全性原则是运输过程中最基本的要求。运输配载应考虑核定载重、货物重心、稳定性、防滑等因素，确保货物在运输过程中不会发生事故。特别是对于易碎、易变形或易溢漏的货物，应优先安排在最稳固的位置，并采取相应的保护措施。对于危险货物的运输，必须取得相关证书，并严格按照安全技术规范进行配载和运输。管道运输时要确保管道系统的完整性和稳定性，防止货物在运输过程中发生泄漏、爆炸等安全事故。

2. 经济性原则

经济性原则是指运输过程中尽可能降低成本，提高效益。运输配载应根据货物的重量、体积等特性选择合适的运输工具，确保空间和载重得到最大化利用，以提高装载率，减少运输工具的使用数量，降低运输成本。

3. 合理性原则

合理性原则是指根据货物的特性，合理分配货物到运输工具上，使得每个运输工具的装载数量、重量、体积等都达到合理要求，避免因过重或过轻导致运输工具使用率低下。同时，需要对货物按照其性质、特点和运输需求进行分类和分组，以确保在运输过程中不同货物之间互不干扰。

4. 适应性原则

适应性原则是指根据运输路线、道路状况、天气情况等因素，选择合适的运输工具、速度、运输路线等，确保货物在运输过程中安全地到达目的地。

5. 容错性原则

容错性原则是指在运输配载过程中，要考虑可能出现的意外情况，留有一定余量，以应对突发情况，保证货物及时到达目的地。

6. 合作性原则

运输配载需要不同部门、不同人员之间的协作与配合，包括供货企业、运输企业、物流中心等。只有各方合作，才能保证货物安全、准时地到达目的地。

运输配载应遵循安全性、经济性、合理性、适应性、容错性、合作性等原则，以提高运输效益，保证货物的安全运输。同时，运输企业应根据客户需求、货物特性等因素，提供个性化的运输配载方案，以满足客户多样化的需求。

实战演练

某家全球知名的电子产品制造商正计划将其最新款智能手机从我国深圳南山的生产基地，运往欧洲盐田的鹿特丹分销中心。这批智能手机数量为 1 000 000 部，总价值高达数百万美元，每部手机的包装尺寸为 160.8 mm × 78.1 mm × 7.65 mm，重量为 240 g。这批智能手机市场需求旺盛，因此对运输的时效性和安全性有着极高的要求。张三是一家大型物流企业的项目经理，负责规划货物从起始地点到目的地的运输路线。张三根据制造商的运输要求（见图 8–1），依照物流企业对货物运输最优路线规划的步骤，为这批货物制定了多种运输方案，包括航空运输、水路运输及公路运输，并对货物进行实时监控和调整。

运输要求：

1. 时效性：由于市场需求迫切，货物必须在两周内从深圳运至欧洲分销中心，以确保及时满足市场需求。

2. 安全性：货物在运输过程中必须得到充分的保护，以避免任何形式的损坏或丢失。

3. 可追踪性：能够实时追踪货物的运输状态，确保在整个运输过程中都有明确的货物位置和状态信息。

4. 成本效益：在满足时效性和安全性的前提下，尽可能降低运输成本，以提高整体利润。

图 8–1　制造商的运输要求

一、收集必要信息

在进行货物运输路线规划之前，首先需要收集一些必要的信息，包括货物的详细信息（如种类、数量、尺寸、重量等）、起点和目的地的完整地址、运输时间要求、安全要求以及其他特殊要求等。

二、分析地理条件

地理条件是货物运输路线规划的重要参考因素。物流企业相关负责人需要对起点和目的地之间的地理条件进行分析，包括路况、交通设施、地形等；同时，还需要考虑货物本身的性质，如是否需要特殊交通工具或设备来运输。

三、评估运输方式

评估货物的性质和运输距离，选择适合的运输方式。常见的运输方式包括公路运输、铁路运输、水路运输和航空运输等。在评估时，需要考虑运输成本、运输时间、货物的安全性等因素。

四、确定中转站点

根据货物的运输路径和地理条件，确定是否需要设置中转站点。中转站点可以帮助优化运输路线，减少运输时间和成本。同时，还需要考虑中转站点的设施和服务能力，以确保货物能够顺利中转。

五、制订运输计划

在确定了运输路线和中转站点后，需要制订具体的运输计划。运输计划应包括各个环节的时间安排、运输交通工具的选择、装卸货物的方式等；同时，还需要考虑安全措施和责任分配等问题，以确保货物的安全运输。

六、监控和调整

在实施运输计划后，还需要对货物的运输过程进行监控，及时发现并解决问题。如果出现意外情况或者需要调整运输路线，要及时进行调整，并在调整过程中注意沟通和协调，以确保货物按时到达目的地。

任务评价

请教师根据学生的实际学习情况和任务完成效果进行全面、客观的评价。

学习任务	物流运输最优路线规划		
项目	评价内容	配分	得分
知识技能	掌握物流运输路线优化的基本方法	15	
	能够根据客户要求、车辆及货物的具体特征设计运输配载方案	15	
	能够根据实际情况规划最优的送货路线	15	
	能够根据客户要求及货物的具体特征选择物流运输路线	15	
职业素养	具备信息搜集和处理能力	10	
	具备一定的团队合作和沟通能力	10	
	工作态度细致、认真、严谨	10	
	具备一定的创新能力	10	
任务评价		合计得分	

项目九 退换货管理

随着经济的发展，传统物流管理的范围不断扩展，逆向物流逐渐崭露头角。退换货服务是网店售后服务的重要内容之一。在购物过程中，如果客户对商品不满意，可以通过退换货服务来解决问题。一般来说，网店会在商品页面上注明退换货政策，客户可以根据政策要求进行退换货。在退换货过程中，网店需要及时处理客户的申请，并提供相应的退换货服务，以保证客户的权益。

通过本项目的学习，我们将深入了解退换货的作用，理解引起商品退换货的原因，掌握退换货管理原则和退换货检验流程；在此基础上，掌握接收退换货商品的要点，能够根据客户要求进行退换货检验，并根据检验结果对退换货商品进行二次处理；同时，能够准确判断退换货的质量问题并对其进行分类，会进行退换货操作，掌握如何通过 ERP 软件的后台数据获取退换货信息和录入出入库数据等。

学习任务 1　退换货检验

任务目标

- **知识目标**

1. 了解退换货的作用。
2. 理解引起商品退换货的原因。
3. 掌握退换货管理的原则。
4. 掌握退换货检验的方法。

- **技能目标**

1. 能够按照相关规定接收退换货申请。

2. 能够对退换货进行验收并填制相关单据。

相关知识

在当前竞争激烈的市场环境下，为了充分发挥退换货检验的价值，企业应认识到退换货检验的重要性，并将其视为提升企业核心竞争力的重要手段。这要求企业有明确的退换货流程、设立专门的检验部门、提供培训和建立反馈机制等。通过这些措施，企业可以确保退换货检验工作的顺利进行，从而提高客户满意度、优化企业运营、提高资源利用率和促进企业创新。

一、退换货的作用

1. 满足客户需求，吸引订单

企业在经营过程中可能会出现因产品开发时间过短导致产品缺陷等现象，此时如果能对所配送的商品做到及时调换，就能为企业解决后顾之忧，从而吸引更多的订单。

2. 建立良好的企业形象

电子商务企业在为客户提供商品的同时也提供着服务，服务的无形性决定了人们在感知它时具有不确定性和无标准性。如果能对所发出的有问题商品进行及时的退换货处理，维护客户的权益，就能增强企业与客户的关系，树立良好的企业形象。

3. 提高资源的利用率

有些进行退换货的商品并非因为存在质量问题，而可能是因为该地区的销售季节已过，或者由于企业的经营范围有限而无法继续销售。对于这类商品，如果能进行适当的调配，完全有可能在其他地区找到销售市场。因此，企业应该利用自身的资源优势，进行合理调配，以便最大限度地发挥商品的效用，提高社会资源利用率。

二、引起商品退换货的原因

1. 商品质量问题

商品的质量问题是最常见的退换货原因。无论是实物商品还是虚拟商品，如果存在质量问题，如损坏、有瑕疵等，客户都有可能选择退换货。为了减少此类问题，商家需要严格把控商品质量，确保所售商品的质量与描述相符，以维护良好的口碑和客户关系。

2. 与商品描述不符

与商品描述不符也是导致退换货的主要原因之一。商家在销售商品时，应确保商品描述的准确性，包括颜色、尺寸、功能等。客户若发现购买的商品与描述不符，可能会提出退换货请求。为避免此类问题，商家需密切关注商品描述的准确性，确保客户在购买时能够全面了解商品信息。

3. 物流配送问题

在商品退换货过程中，物流配送也是一个关键环节。如果物流配送出现问题，如配送延误、商品在运输过程中损坏等，可能会导致客户提出退换货请求。为保障客户权益，商家应选择与可靠的物流企业合作，并加强对物流过程的监控，确保商品安全、准时送达。

4. 售后服务不足

售后服务是客户在购买商品后的重要保障。如果商家售后服务水平不到位，如响应速度慢、处理问题不及时等，可能会让客户感到不满，从而提出退换货请求。为了提高客户满意度，商家应加强售后服务团队的建设，确保能够在第一时间解决客户的问题。

5. 客户需求改变

在购买商品后，客户的需求可能会发生变化，这也是导致退换货的原因之一。在这种情况下，商家应尽量提供灵活的退换货政策，满足客户的新需求。同时，商家还可以通过定期收集客户反馈，了解市场需求，提前调整商品策略，以降低退换货率。

三、退换货管理的原则

1. 分清责任

客服需要清楚了解退换货的责任归属，以确定是否可以接受退换货。如果是由于客户的原因需要退换货，如误购、不喜欢等，客服需要按照企业的退换货政策进行处理，可能需要客户承担一部分运费。如果是由于商家原因导致的退换货，如商品质量问题、发错货等，客服需要主动承担责任，免费为客户处理退换货。如果是由于第三方物流企业的责任导致商品出现问题，客服需要与物流企业协商解决，并明确责任归属。如果物流企业承认是他们的责任，那么退换货的费用应由物流企业承担。

2. 合理收费

在处理退换货时，客服需要向客户说明退换货的费用政策。如果客户需要承担部分费用或者全部费用，客服需要提前告知客户，避免出现不必要的纠纷。同时，客服需要根据客户的支付方式进行退款，如原路退回到客户的支付账户等。

3. 设置条件

为了保障企业的利益和客户的权益，客服需要设置一定的退换货条件，如退换货的商品必须保持原样、没有使用过、没有损坏等。如果商品不符合退换货的条件，客服可以拒绝客户的退换货请求。

四、退换货检验的方法

1. 了解企业的检验政策和标准

在执行退换货检验任务时，首先须熟知并遵循企业的检验政策和标准。企业应明确制定退换货的检验规范与流程，同时设定明确的退换货政策和退换货标准，确保退换货的处理过程合法、公平且透明。此外，企业还需构建完善的管理制度，提升检验人员的专业素养与技术水平，从而确保检验结果的准确性。

2. 产品受损和质量问题的辨别

在验收退换货时，检验人员需全面且严谨地评估产品状况及其质量问题，细致地核查产品的完整性及质量状况，关注潜在破损、缺失、错配、撞击及损伤等问题，并审慎核实产品生产日期与批次等信息。针对质量问题及其严重程度，检验人员应进行翔实记录，并根据企业政策及检验标准进行相应处理。

3. 物理检验

在实施退换货检验过程中，有必要进行物理检验。此类检验涵盖对退换货的外观、尺寸、结构、重量、颜色等要素的检测与测量，从而评估商品品质。检验人员应运用恰当的检验设备与技术，如经过验证的示波器、多功能电器等，以提升检验的精确性和科学性。

4. 化学检验

检验过程要求严谨，专业检验人员需运用相应的设备与技术，对退换货的化学成分、含量、酸碱度等特性进行全面检测与分析。在有毒有害成分的检验中，相关人员须严格遵循相关规定与标准，确保检验过程安全可靠，防范潜在风险。

5. 编制检验报告

在完成退换货检验后，检验人员应及时向相关部门或领导汇报检验成果，并编制详尽的检验报告。检验报告应涵盖商品的检测项目、企业检测结果、检验设备与技术、实验室测试成果及结论等相关信息，以便企业能迅速处理退换货，同时对质量问题进行追溯和改进。

实战演练

在现代商业环境中，退换货管理已成为企业运营中不可或缺的一部分。对于A企业来说，退换货管理涉及产品质量、客户体验、物流、销售策略和流程效率等多个方面。退换货管理的执行者小李需要按照以下流程完成退换货检验工作。通过审核退换货申请，小李可以了解客户的需求和反馈，及时发现产品存在的问题和不足，为企业的改进和创新提供有力支持。

一、接收退换货申请

客服需要与申请人进行沟通，详细了解退换货原因和具体情况，并详细记录。为了方便管理，可以设立专门的“退换货申请单”，要求申请人填写相关信息，如退换货原因、商品数量、商品名称等。

二、退换货验收

在进行商品退换货的过程中，验收环节的主要目的是核实拟退换的商品是否满足退换货的标准和要求，以确保客户和企业的权益得到保障，同时确保商家能够提供优质的售后服务。例如，检查商品的完整性，确保商品的各个部件和附件都齐全，没有被拆卸或丢失；核实商品是否符合销售时的状态，包括但不限于商品的外观、颜色、尺寸、重量等方面与销售时一致。此外，还需检查商品的保质期，确保其在退还过程中没有过期。

三、生成并填制“退换货处理单”

仓库管理员创建“退换货处理单”（见表9-1），详细填写退换货的具体情况，然后将其移交给质检员，以便质检员能够进行质量检查并记录检验结果。

表9-1　退换货处理单

客户		订单号		退换货接收日期	
客户反馈					
退换货检验结果					
退换货商品处置					
原因分析及纠正措施					
验证					
负责人：			日期：		

任务评价

请教师根据学生的实际学习情况和任务完成效果进行全面、客观的评价。

学习任务	退换货检验		
项目	评价内容	配分	得分
知识技能	了解退换货的作用	15	
	理解引起商品退换货的原因	15	
	掌握退换货管理的原则	15	
	掌握退换货检验的方法	15	
职业素养	严格遵守企业的管理制度和工作规范	10	
	严格履行岗位职责	10	
	工作态度认真、细致、严谨	10	
	逻辑清晰，有条理	10	
任务评价		合计得分	

学习任务 2　退换货分类入库

任务目标

知识目标

1. 了解退换货的分类。
2. 掌握退换货入库流程。

技能目标

1. 能够按相关规定办理退换货分类入库。
2. 能够填制退换货相关单据。

相关知识

退换货分类入库对于企业的库存管理、仓库布局、退换货处理速度、损失降低和数据分析等方面都具有重要意义。企业应重视退换货分类入库工作，不断优化相关流程，以提高企业整体运营效率。通过对退换货进行分类入库，企业可以更快地处理退换货请求，迅速找到问题商品，提高退换货处理速度，从而提高客户满意度。

一、退换货分类

为了确保商品管理有序且高效，通常会根据退换货的状态和属性将其分为四大类。

1. 合格品

合格品完全符合预设的质量标准，没有发现任何问题，它们可以毫无障碍地再次进入销售渠道或直接被使用。这些商品通常在外观、功能和性能方面都表现优秀，没有任何缺陷或质量问题。为了确保客户的权益和商家的信誉，对于此类商品，商家可以经过适当检查后进行再次销售。

2. 不良品

不良品明显不符合质量标准，存在明显的问题或缺陷，无法满足客户的需求和期望。这类商品需要进行维修、更换部件或进行整体退货处理。商家需要尽快处理这类商品，确保问题得到解决，并采取措施防止类似问题再次发生。

3. 待处理品

待处理品存在一些问题或缺陷，但具体情况尚未完全明确，无法直接归为合格品或不良品。这类商品需要进行进一步的检查、测试和分析，以确定其具体分类和处理方式。商家需要给予足够的关注和处理时间，以确保每一件商品都得到适当的处理。

4. 废品

废品已经无法再次使用或销售，没有回收价值或处理价值，商家需要进行报废处理。这些商品可能是严重损坏、过期、无法修复或没有市场需求的产品。商家需要采取适当的措施进行废弃处理，避免对环境造成不良影响。

通过对退换货进行分类管理，商家可以更好地掌握商品状况，提高客户满意度，同时避免不必要的损失和浪费。此外，通过有效的分类管理，商家还可以优化内部流程，提高工作效率，为未来的业务发展奠定坚实基础。

二、退换货入库流程

1. 退换货接收

客户可通过快递或其他运输方式退回商品。在退换货入库前，务必仔细检查其状况，包括评估是否有损坏、与原始订单是否一致等。

2. 退换货分类

根据退换货的情况，将其分为合格品、不良品、待处理品和废品等类别。这一步

骤需要仔细检查退换货的状态和质量，以便准确分类。

3. 创建入库单

为每个类别的退换货分别制作入库单，填写退换货详细信息，如名称、数量、规格等，确保所有信息准确无误。

4. 退换货入库

遵循入库单指示，将分类后的退换货放置在相应仓库位置，确保每个退换货都能准确归位，便于后续查找与管理。

5. 库存信息更新

在退换货入库后，及时更新库存信息，确保系统库存数据与实际库存状况保持一致。

实战演练

某连锁超市是一家拥有多家分店的大型零售企业，近日面临着退换货管理的挑战。小王被安排到退换货管理这一岗位，承担对退换货进行分类和整理的重要任务。

一、退换货分类整理

1. 对于商品质量问题，商家应立即与生产商沟通，查明原因，改进生产工艺，防止类似问题再次发生。同时，对退换货进行维修、更换配件等，使其达到再次销售的标准。

2. 对于客户原因导致的退换货，商家可以进行二次包装，以确保商品整洁无损。此外，可以加强与客户的沟通，了解其需求和满意度，以便改进产品和服务。

3. 对于运输损坏的退换货，商家应加强与物流企业的合作，完善运输流程，以降低损坏率。同时，对损坏商品进行维修或更换，确保客户满意。

4. 对于促销活动导致的退换货，商家可以开展更多的促销活动，提高商品性价比，同时关注市场动态，调整商品销售策略。

二、退换货分类入库

1. 分类并标志

对于退换货，需要进行二次入库分类，分类后在各类别上贴上合格品、不良品、报废品等标签，以便区分后采取不同的处理方式。在分类过程中，要填写“退换货分类结果记录表”（见表 9-2）。

表 9-2　退换货分类结果记录表

序号	退换货	检验结果	退换货分类结果	责任方	处理措施
1					
2					
3					
4					
…					

2. 整理入库

退换货应当分区存放在仓库的不同货区。这样做能够提高仓库的货物管理效率，同时也便于后续的检验和重新上架工作。

3. 填写“退换货出入库明细表”

退换货在出入仓库时需要填写“退换货出入库明细表”（见表 9-3），必须像处理正常商品一样，对其相关的去向信息进行详细填写，以便准确跟踪库存动态，了解每一件商品的存货位置等相关信息。

表 9-3　退换货出入库明细表

序号	货位	名称	入库			出库			处理结果	备注
			日期	数量	退换货单位	日期	数量	部门		
1										
2										
3										
4										
…										

4. 退换货中的合格品重新上架

对于退换货中的合格品，可重新上架。在重新上架的过程中，应按照企业规定的操作流程进行，以确保这些商品未来能够顺利地在销售渠道中流通。

任务评价

请教师根据学生的实际学习情况和任务完成效果进行全面、客观的评价。

学习任务	退换货分类入库		
项目	评价内容	配分	得分
知识技能	了解退换货的分类	15	
	理解退换货入库流程	15	
	掌握退换货分类整理方法	15	
	掌握退换货入库流程	15	
职业素养	严格遵守企业的管理制度和工作规范	10	
	严格履行岗位职责	10	
	工作态度认真、细致、严谨	10	
	逻辑清晰，有条理	10	
任务评价		合计得分	

项目十 电子商务环境下的新型物流实践

电子商务环境下的新型物流配送强调作业流程、运作的标准化和程序化。新型物流配送使用先进的技术、设备及管理为销售提供服务，生产、流通、销售规模越大、范围越广，物流配送技术、设备及管理越现代化。电子商务环境下的新型物流统筹规划各种物流配送活动，并形成完善的物流配送网络体系。同时，电子商务企业可以自建物流体系来提升用户体验并避开传统物流企业的弊端，加快物流基础设施建设和技术推广应用。

通过本项目的学习，我们将深入了解电子商务环境下的新型物流运作模式，掌握多种新型物流运作方式。在此基础上，我们还会学习如何根据电子商务运营环境选择合适的物流模式。

学习任务1　第四方物流运作

任务目标

1. 了解第四方物流的概念。
2. 掌握第四方物流运营分析。

相关知识

进入21世纪以来，我国物流行业呈现高速发展的局面，特别是在物流市场急剧扩张的情况下，我国物流运作结构也处于一种持续革新的状态。第四方物流的出现，

从本质上来讲，就是对资源的集成和整合。第四方物流通过对制造企业或分销企业供应链的关注，在企业物流与供货商之间搭建了一条良好沟通的纽带，帮助企业物流得到最高效的运作，进而弥补了第三方物流在综合技能、集成技术上的欠缺，使我国的物流体系更加完整、完善。

一、第四方物流的概念

第四方物流（fourth-party logistics，简称 4PL）是指不参与具体物流活动，只对物流活动进行系统设计、资源整合、经营管理、信息共享，提供物流解决方案或供应链方案，并以此为交易活动的全过程，它是一种新型的物流运作模式。在实际应用中，第三方物流提供商将供应链管理技术外包给第四方，即由第四方来拟定一套供应链总体解决方案，并负责对解决方案的实施过程进行监控与评价。

二、第四方物流的功能

相对于通过物流具体运作从而获得利益的第三方物流而言，第四方物流并不直接参与具体的物流活动。第四方物流目前更倾向于为供货企业提供服务，通过对供货企业和其他基础物流供应商及原料供应商的统筹联络及协调供应链事务，使自身成为一个供应链解决方案的提供者或一个信息交互的联系人。

1. 供应链管理与优化

第四方物流是供应链与企业之间的桥梁，因此，第四方物流企业掌握供应链中的绝大多数信息，其中包含产品生产信息、企业战略信息、供应链物流信息等。第四方物流能够搜集整个供应链上关于物流运行与企业战略的信息，并针对客户的具体需求，为客户定制最佳的供应链问题解决方案。第四方物流企业在拥有供应链信息和企业战略信息的基础上，通过俯瞰整个供应链，从物流运作流程整体出发，采用供应链管理技术以及信息服务技术，优化供应链中落后的、存在浪费的供应链节点的职能或者优化供应链节点的整体布局。第四方物流在改善供应链节点的基础上，通过加强供应链成员对供应链计划与执行活动的同步程度和强化相互独立的供应链成员之间的协作来再造供应链，从而提高整个供应链的运作效率，降低整个供应链的运作成本，平衡供应链中各个环节产生的利益，使每一个环节中的生产参与者都能够从中受益。同时，第四方物流的供应链再造使企业战略与供应链战略结合起来，进一步为企业从供应链整体上降低运作成本，提高运作效率。

2. 流程一体化

第四方物流可以帮助企业实现流程一体化。第四方物流通过对供应链的优化，平衡供应链中各个节点的利益与职能，逐步优化集成业务流程、客户和服务供应商之间

的联系，将项目实施的过程系统化，尽可能减少物流运作过程中的突发情况；最终，通过逐步精简供应链节点，加强必要企业合作，实现业务流程一体化。

3. 开创全新的供应链模式

第四方物流承接多个供应链职能和流程的运作责任，其工作范围远远超越了传统的第三方物流的运输管理和仓库管理的运作。第四方物流的职能涵盖了制造、采购、库存管理、供应链信息技术、需求预测网络管理、客户服务管理和行政管理等多个方面。

三、第四方物流的基本特征

1. 第四方物流有能力提供一整套完善的供应链解决方案，是管理咨询和第三方物流服务的集成商。

2. 第四方物流是通过对供应链产生影响的能力来增加价值，在向客户提供持续更新和优化的技术方案的同时，满足客户的特殊需求。

3. 成为第四方物流企业需具备一定的条件，如能够制定供应链策略、业务流程设计再造、具备技术集成和人力资源管理的能力；在集成供应链技术和外包能力方面处于领先地位，并具有较雄厚的专业人才资源；能够管理多个不同的供应商，并具有良好的管理和组织能力等。

四、第四方物流企业运作方式

1. 超能力组合（1+1>2）

第四方物流和第三方物流共同开发市场，第四方向第三方提供一系列的服务，包括技术、供应链策略技巧等。第四方物流通常会在第三方物流企业内工作，双方签订商业合同或结成战略联盟。

2. 方案集成商

第四方物流为客户提供运作和管理整个供应链的解决方案。第四方物流对本身和第三方物流的资源、能力和技术进行综合管理，为客户提供全面的、集成的供应链方案。第四方物流可以集成多个服务供应商的能力和客户的能力。

3. 行业创新者

第四方物流为多个行业开发和提供供应链解决方案，并以供应链整合和同步为重点。

阅读与思考

第四方物流——菜鸟物流的发展

1. 菜鸟物流的发展背景

在过去的五年中，电子商务发展迅猛，与电子商务密不可分的物流行业也迎来了爆炸式发展。然而，随着快递业务数量的迅猛增长，现有的物流模式——第三方物流的弊端逐渐显现。虽然基础设施不断建设，第三方物流理论不断完善，供应链管理手段持续更新，但是以第三方物流企业为主导的物流行业的发展速度依旧成为电子商务发展的瓶颈，出现了类似“双十一”期间物流运输缓慢、快递点货物积压等问题。国内企业迫切地需要一个更加高效、更加完善的供应链问题解决方案。

在此背景下，2013 年阿里巴巴集团和银泰集团建立了菜鸟物流。菜鸟物流的核心发展模式就是为电子商务、仓储、快递、第三方物流服务商等各类企业提供平台建设服务，即第四方物流。

2. 菜鸟物流的经营模式

菜鸟物流通过自建与合作的方式，自 2016 年起，相继在八个城市中建立仓储中心，以此建立菜鸟物流骨干网络。第四方物流网络建设并不仅仅依靠物流基础设施的完善，同时还需要信息技术的支撑。菜鸟物流通过大数据、物流网来建立数据应用平台，并联合阿里云等大数据业务，全天候更新物流资讯，做到物流信息实时传递、实时共享，以此来提升物流运作效率和仓储利用效率。在完成物流网络骨干与神经系统的搭建后，菜鸟物流在全国多个城市和地区建设快递自取站点——菜鸟驿站，旨在将物流实体更快更好地运输到客户手中，提高物流服务的质量。

3. 菜鸟物流的运作

在菜鸟物流的运作模式中，企业（卖家）往往会通过菜鸟物流的线上平台——菜鸟 App 查看实时物流信息，选择发货方式，在系统推荐或者对比不同第三方物流企业后，选择最合适的商品运输方式，确定发货时间，等待快递企业上门取件或者将货物运输到线下发货点（菜鸟驿站）发货。对于企业（卖家）来说，相比于传统第三方物流企业发货点分散、物流模式单一，菜鸟物流为企业（卖家）提供了集中、线上、便捷、多样的物流模式。第三方物流企业可以在线上收集企业（客户）物流订单，并按照菜鸟物流提供的实时物流信息，安排人员收取打包、运输快件。同时，菜鸟物流在各个城市建立的物流仓储中心同样对这些第三方物流企业开放，这不仅为第三方物流企业节省了建立中心仓库的成本，同时使得商品（快递）能够得到更好的分配。

菜鸟物流是我国第四方物流从理论走向实践的成功典范。它标志着我国第四方物流的实际建设已经初步取得成效，证明了第四方物流确实具备降低企业物流运作成本、提升供应链效率等积极作用。

五、第四方物流企业运作过程中存在的问题

1. 在众多客户中难以保证自己的独立性，发展空间受限

在第四方物流企业形成的过程中，有时为了对特定客户的内外资源进行整合，第四方物流企业会出现与委托企业合资的状况。但是，这并不意味着第四方物流企业是从属于委托客户企业的，实际上第四方物流企业是处于企业内部物流与物流业务外包的中间状态，原因是要充分发挥这两种形态的优点，同时克服相应的缺点，如果出现了组织地位的倾斜，就会使原有的优势不复存在。除此之外，第四方物流企业不仅仅为一家企业服务，而是为若干家企业共同服务。在众多的客户企业中，有以资金为纽带的股权客户，也有以契约为约束的非股权客户，股权客户与第四方物流企业的利益和联系比较密切，如果稍微顾此失彼，就难以保证自己企业的独立性，这样就很难吸引其他客户企业进入，特别是在客户经营业务相同或相近的情况下更是如此。这样第四方物流企业自身发展的空间就受到了限制，这成为第四方物流企业在合资组建和运作过程中的难题。

2. 客户退出障碍——转换成本高

委托客户加入第四方物流企业时签订了长期合作协议，尽管从理论上讲，只有确立长期、持续的交易关系，才能保证系统、综合的供应链管理和物流服务。但由于很多具体的物流运作和管理是由第三方代理提供的，所以，一旦客户对部分业务产生不满，想寻求更高绩效的物流服务提供商时，这种契约就将成为委托客户最大的阻碍。因此，对于委托客户而言，隐藏着转换成本很高的风险。

3. 第四方物流企业的行业适用度较窄

从第四方物流的发展前景来看，第四方物流可能孕育的行业主要是行业集中度较低、边际利润较小、物流管理又是企业非核心业务的行业。只有行业集中度较小，行

业中的企业分散，通过第四方物流企业整合的意义才更大，发挥出来的绩效才更为明显，规模效益表现得才更强。边际利润较小，意味着企业的成本压力更大，竞争的紧迫性更明显，而在这种状况下靠单个企业的力量来实现成本降低是不太可能的。只有通过综合各种业务、实施全程的供应链管理，才有可能通过系统成本或交易成本的降低，最终实现企业的目标，而这些正是第四方物流才能发挥出来的作用。物流业务非主导性是第四方物流企业生存的前提，因为在这种情况下，委托客户才会把全部物流供应链业务交给相对独立的第四方物流企业，否则只会存在完善的企业内物流或部分非关键业务的第三方外包。

4. 业务流程的再造或重组可能造成委托客户经营中的振荡或波动

在第四方物流企业为委托客户提供服务的过程中，有一个问题是需要高度关注的，就是第四方物流企业重新整合委托客户内外的管理资源和物流活动，这样有可能在一段时间内造成委托客户物流运作的振荡或波动，而这种振荡波动的幅度越大，对第四方物流企业越不利。

任务评价

请教师根据学生的实际学习情况进行全面、客观的评价。

学习任务	第四方物流运作		
项目	评价内容	配分	得分
知识技能	了解第四方物流的概念	15	
	掌握第四方物流的基本特征	15	
	掌握第四方物流企业的运作方式	15	
	掌握第四方物流运作过程中存在的问题	15	
职业素养	具备信息搜集和处理能力	10	
	具备一定的团队合作和沟通能力	10	
	工作态度细致、认真、严谨	10	
	具备一定的创新能力	10	
任务评价		合计得分	

学习任务 2　电子商务绿色物流运作

任务目标

1. 了解电子商务绿色物流运作模式的概念和特点。
2. 了解采用电子商务绿色物流运作模式的理由。

相关知识

随着电子商务业务的飞速发展，物流行业也得到了快速发展。但是，物流行业的发展同时带来了许多环境问题，如物流车辆排放尾气对空气的污染、物流包装的处理等。为了解决这个问题，越来越多的物流企业开始探索绿色物流运作模式，以实现可持续发展。

一、电子商务绿色物流运作模式的概念和特点

绿色物流是指在物流活动中，尽可能地降低对环境的影响，包括减少废气、废水排放，降低能源消耗，减少噪声污染等。

电子商务绿色物流运作模式的特点一般包括以下几方面：

1. 降低运输成本并提高效率

企业可通过改善物流系统，来降低物流成本，同时提高运作效率。

2. 减少包装使用

随着电子商务业务的快速发展，尤其是生鲜食品类商品销售的增长，包装成为一个需要高度关注的问题。电子商务企业可通过采用更少的包装材料，来减少对环境的污染。

3. 采用绿色能源

物流企业可通过使用绿色能源（如风能和太阳能）来减少对环境的影响，同时也能减少能源消耗。

二、采用电子商务绿色物流运作模式的理由

电子商务绿色物流致力于通过改进商品的包装、碳排放削减等方式，促进企业可持续发展。采用电子商务绿色物流运作模式的理由有以下几个方面。

1. 塑造良好的企业形象

采用电子商务绿色物流运作模式，不仅能够体现企业的责任感，更能让企业在竞争激烈的市场中塑造卓越、前瞻的品牌形象。

2. 节约成本

绿色物流运作模式不仅有利于环境保护，同时也为企业带来实实在在的经济效益。例如，通过精简包装、提高物流效率等措施，企业可以有效降低运作成本，实现经济效益与环保效益的双赢。

3. 满足消费者需求

随着公众环保意识的日益增强，消费者对于环保产品的需求也在不断提升。企业采用绿色物流运作模式，正是对消费者这一需求变化的积极响应，这样不仅能够赢得消费者的认可与信赖，更能在激烈的市场竞争中占据先机。

知识拓展

电子商务绿色物流运作模式的实践

1. 京东的“无箱投递”计划

京东从2017年开始实施的“无箱投递”计划，就是利用“绿色箱”，减少了包装的使用，同时标准化运作、减少误投场景、增加收发效率，实现了绿色物流的目标。

2. 阿里巴巴的“绿色过节”

在“双十一”购物狂欢节这个消费高峰期，阿里巴巴把节能、普及绿色环保理念作为节日传播的主题，号召消费者一起来过一场绿色健康的“双十一”购物狂欢节。

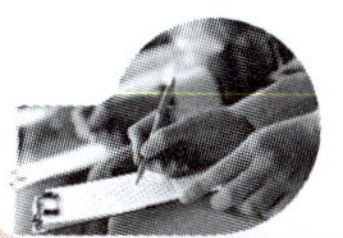

阅读与思考

近日，国内排名前三之一的第三方充电站SaaS（软件即服务）服务商达克云，宣布与货拉拉达成平台互通合作。根据协议，达克云将向货拉拉开放超过

1 000 座超级充电站，共计覆盖超过 10 000 把快充枪，为货拉拉提供方便快捷的物流车充电服务。

2021 年，交通运输部发布的《综合运输服务“十四五”发展规划》中明确提出，“加快新能源城市物流配送车辆应用，稳步提高城市物流配送新能源汽车比例”。在国家利好政策的刺激下，物流行业正在加速进入“新能源时代”。作为互联网物流商城的大型企业，货拉拉正不断提升新能源车辆的比例，积极推动绿色物流的高质量发展。

任务评价

请教师根据学生的实际学习情况进行全面、客观的评价。

学习任务	电子商务绿色物流运作		
项目	评价内容	配分	得分
知识技能	了解电子商务绿色物流运作模式的概念和特点	30	
	了解采用电子商务绿色物流运作模式的理由	30	
职业素养	具备信息搜集和处理能力	10	
	具备一定的团队合作和沟通能力	10	
	工作态度细致、认真、严谨	10	
	具备一定的创新能力	10	
任务评价		合计得分	

学习任务 3　电子商务冷链物流运作

任务目标

1. 掌握电子商务冷链物流的分类。
2. 了解我国电子商务冷链物流发展的现状。

相关知识

随着人们对生鲜配送需求的不断提高，冷链物流应运而生，冷链物流为生鲜储藏及运送提供了极大的便利。近年来，我国冷链物流行业呈现迅猛的发展态势，不仅在规模上持续扩大，更在质量和专业化水平方面取得了显著提升。作为一种高端的物流运输方式，冷链物流能够为客户提供对温度要求极为严格的产品运输服务，确保产品在运输过程中的品质和安全。

一、电子商务冷链物流分类

当前，我国冷链物流已形成仓储型、运输型、城市配送型、综合型、供应链型、电子商务型和平台型等七大主要模式，共同构建起丰富多样的冷链物流体系。

1. 仓储型冷链物流

仓储型冷链物流通过实施物流信息自动化管理，建立冷链物流运送网络系统，从而扩大冷链物流的运输范围，形成完整的冷链物流体系。但是当下我国的仓储型冷链物流建设还存在冷库过少以及行业集中度低等方面的问题。

2. 运输型冷链物流

运输型冷链物流主要提供货物低温运输服务，包括干线运输、区域配送以及城市配送。这种冷链物流一般是逐步从企业物流发展而来的，是在大型企业原有物流的基础上进行转型升级而形成的。

3. 城市配送型冷链物流

城市配送型冷链物流是指对物资进行直接的冷冻配送，主要服务于超市供应商、超市配送中心、连锁餐饮配送中心、生鲜电子商务企业等四类客户。这种物流一般在同城中进行，或以区域为范围进行配送。

4. 综合型冷链物流

综合型冷链物流以从事低温仓储、干线运输以及城市配送等综合业务为主。与单一的冷链物流企业不同，其业务比较广泛，涉及仓储、运输和配送等各个方面。

5. 供应链型冷链物流

供应链型冷链物流围绕核心企业，通过对信息流、物流、资金流的控制，从采购到终端整个过程提供低温运输、加工、仓储、配送服务，然后由分销网络将产品送到客户手中。总的来说，供应链型冷链物流就是将供应商、制造商、物流商和分销商连

成一个整体的功能网链结构。这种商业模式比较先进，在国内最近几年才兴起。

6. 电子商务型冷链物流

在冷链物流的商业模式中，电子商务型冷链物流是一种新兴模式，主要指生鲜电子商务企业自主建设的冷链平台，它们除了自用之外，还可以为电子商务平台上的客户提供冷链物流服务。

7. 平台型冷链物流

平台型冷链物流是指以大数据、物联网技术、信息技术为依托，融合物流金融、保险等增值服务，构建“互联网 + 冷链物流”的冷链资源交易平台。

二、我国电子商务冷链物流发展的现状

互联网和电子商务的快速发展改变了人们的生活和消费习惯，越来越多的商品在线上销售，大量的农副产品、食品及医药产品需要冷链物流来运送，因此冷链物流市场越来越壮大。我国冷链物流行业起步相对较晚，冷链物流发展处于相对初级阶段，冷链物流存在着设施设备不足、技术落后、企业信息化水平建设滞后等问题。中研网调查数据显示，我国有约 80% 的蔬菜水果、65% 的肉类、60% 以上的水产品仍然采用常温的运输方式，生鲜电子商务中有 50% 左右的货物需要采用冷链物流进行运输，但实际只有 10% 左右的货物进行冷链物流运输，低温条件下的冷链物流远远没有普及。由于冷链物流需求没有得到完全满足，所以造成了运输过程中部分需要冷链物流运输的货物货损率比较高。

当前，我国越来越多的物流企业开展冷链物流，并开始重视专业的冷库建设，冷链的信息化水平建设将逐步得到提高。

阅读与思考

2023 年 10 月 17 日，一列装有 21 只冷链集装箱、满载 514 吨库尔勒香梨的货运列车从新疆库车站出发，开往湖南怀化西站，这趟列车打通了香梨销售运输的“最鲜一公里”，让优质鲜果快速到达客户手中。新疆地大物博，一地与一地的距离大多很远。如果冷链物流布局不成体系、不成网络，生鲜的运输效率就会偏低，在“最鲜一公里”路上耽误了运输时效。只有织密冷链物流网络，“最鲜一公里”的新鲜才有保障。

为提高全品类冷链产品的物流服务质量，充分发挥冷链物流推动产业转型、

促进消费升级、强化民生保障的重要作用，同时，加强同冷链仓库的沟通联系，企业需精准掌握产品备货、装车进度，提前配备装运冷链集装箱专用平车，按照货到即装原则，实现公铁无缝衔接，不断压缩运输时间，保障冷链专列即到即装、即装即运，实现运输效率最大化。

任务评价

请教师根据学生的实际学习情况进行全面、客观的评价。

学习任务	电子商务冷链物流运作		
项目	评价内容	配分	得分
知识技能	掌握电子商务冷链物流的分类	20	
	了解我国电子商务冷链物流发展的现状	20	
职业素养	具备信息搜集和处理能力	15	
	具备一定的团队合作和沟通能力	15	
	工作态度细致、认真、严谨	15	
	具备一定的创新能力	15	
任务评价		合计得分	

学习任务 4　跨境电子商务物流运作

任务目标

1. 了解跨境电子商务物流运作步骤。
2. 掌握跨境电子商务物流运作模式。

相关知识

伴随着全球数字化和互联网技术的飞速发展，跨境电子商务迅猛崛起，成为了国际贸易的新引擎。跨境电子商务为消费者提供了便捷的购物体验，同时也为企业创造

了无限的市场机会。跨境电子商务的成功运营离不开高效可靠的物流服务。

一、跨境电子商务物流运作步骤

跨境电子商务物流运作是指将商品从卖家所在地运送到海外客户手中的整个过程。这个过程涉及多个环节和参与者，包括卖家、电子商务平台、物流企业、海关等。跨境电子商务物流运作的一般步骤如下：

1. 订单处理

当客户在跨境电子商务平台上购买商品后，卖家会接收到订单信息。卖家会根据订单信息准备商品，包括拣选、打包等。

2. 物流选择

卖家会综合考虑商品性质、运输时间、费用和风险等因素，选择合适的物流方式。跨境电子商务物流方式包括邮政小包、国际快递、海外仓、专线物流等。

3. 商品出库

卖家将商品送至指定的物流企业或仓库，开始物流运输。对于海外仓模式，商品会先运至目的国的海外仓库进行储存。

4. 国际运输

商品通过国际运输方式，如航空运输、水路运输等，从卖家所在地运往目的国。

5. 办理清关手续

商品到达目的国后，需要办理清关手续，包括支付关税、增值税等费用，以及提供必要的文件和信息。卖家或物流企业会协助办理清关手续。

6. 本地配送

商品通过当地物流企业进行配送，将商品直接送达客户手中。

在整个跨境电子商务物流运作过程中，电子商务平台、物流企业、海关等多方参与者需要协同合作，确保商品安全、快速地送达客户手中；同时，还需要遵守各国的进出口法律法规，确保商品顺利办理清关手续。

二、跨境电子商务物流运作模式

跨境电子商务物流运作模式主要包括以下几种：

1. 传统快递包裹模式

传统快递包裹模式是目前我国跨境电子商务最主要的物流模式，主要通过邮政系统进行包裹的寄送。邮政小包覆盖全球超过 230 个国家和地区，具有覆盖面广的优

势，但物流时效性较差，越来越无法满足跨境电子商务的发展需求。

2. 集中发货模式

集中发货模式也称专线物流模式，主要通过航空专线将同一地区的多个买家的包裹集中发往目的国或地区，再通过当地的合作企业或物流分企业进行配送。这种模式在时效性上优于传统快递包裹模式，但成本较高。

3. 国际快递模式

国际快递模式是时效最快、成本最高的运输方式，主要由 UPS（美国联合包裹运送服务公司）、FedEx（联邦快递）、DHL（敦豪）、TNT 等大型国际快递公司提供服务。这种模式适用于对时效性要求极高且货物价值较高的商品。

4. 海外仓模式

海外仓模式是跨境电子商务卖家先将商品提前备货到目的国的物流仓库中，待客户下单后，直接从海外仓将商品发货给客户。这种模式具有物流把控力强、运输灵活度高等优点，但成本和风险相对较高。

5. 平台物流模式

电子商务平台提供物流服务并供卖家使用。平台物流模式适用于规模较小的企业，优点是方便快捷、安全可靠，但需要依托平台，有一定的依赖性。

6. 第三方物流模式

第三方物流模式将物流服务外包给第三方物流企业进行处理，适用于规模中等的企业。这种模式具有成本较低、风险相对较小的特点，但对物流企业的信任度要求较高。

在选择跨境电子商务物流运作模式时，需要综合考虑商品的性质、运输时间、费用和风险，以及企业的规模和实力等因素。

阅读与思考

2023 年 9 月，菜鸟国际快递与速卖通联合上线了“全球 5 日达”的产品服务，目前“全球 5 日达”已经在英国、西班牙、荷兰、比利时、韩国、德国、法国、葡萄牙、沙特阿拉伯、美国、墨西哥等国家推广开来。2023 年 10 月，菜鸟国际快递与速卖通又联合发布了“六大物流保障”，决定让当年的海外“双十一”提提速，具体目标就是：让菜鸟国际快递发货更快、收货更快、售后更快，既要让国内跨境电子商务获得更多机遇，迅速扩大海外市场，又要让海外消费者实实在在地体验我国物流之“快”。

任务评价

请教师根据学生的实际学习情况进行全面、客观的评价。

学习任务	跨境电子商务物流运作		
项目	评价内容	配分	得分
知识技能	了解跨境电子商务物流运作步骤	15	
	了解跨境电子商务物流运作模式	15	
	能够进行跨境电子商务物流运作模式分析	30	
职业素养	具备信息搜集和处理能力	10	
	具备一定的团队合作和沟通能力	10	
	工作态度细致、认真、严谨	10	
	具备一定的创新能力	10	
任务评价		合计得分	